贛文化通典

——地理及行政區劃沿革卷　第一冊

代序

邵鴻

　　南昌大學鄭克強教授主編的《贛文化通典》即將出版。這部大書，是我期盼已久、很有意義的一項工作。自一九九四年江西出現贛文化研究熱潮以來，江西歷史和文化研究成績可觀，《贛文化通典》是又一新的重要成就，可喜可賀！克強索序於我，盛意不能不有所應命。近年我寫過好些綜論贛文化的文字，特別是在《江西通史》導論中有較系統的闡述，似乎沒有重複的必要。然而講贛文化，不能不從「贛」字說起，恰恰在這個基本點上，其實還有工作要做。因此，我想借此機會從詞源學的角度，把對「贛」字的兩點認識寫出來，命曰「說贛」，權充序言，為《贛文化通典》做一個開篇鋪墊並向大家請教。

　　第一個問題，關於贛字的起源和演變。

　　因為資料限制，這一問題曾難以解答。

　　在傳世文獻中，「贛」最早出現於春秋戰國時期。如孔門高足端木賜，字子貢，貢在古籍裡常寫成贛或贛，贛有賜予之意，名字正相配合。贛也常用作通假字，借為愚戇、戇直之戇。成書于戰國的《山海經・海內東經》：「贛水出聶都東山。」郭璞注：「今贛水出南康南野縣西北，音感。」同書《海內經》：「南方有

贛巨人，人面長唇，黑身有毛，反踵，見人笑亦笑，唇蔽其面，因即逃也。」這兩條記載不僅是先秦古籍中「贛」字的實例，而且公認是與上古江西地區有關的史料。從此，贛就和江西有了不解之緣。

但在東漢許慎的《說文解字》裡，卻沒有贛字。與之相當的，是字，該書卷六：「𧷴，賜也。從貝，贛省聲。𧸇，籀文。」清段玉裁注云：「之古義古音，皆與貢不同。」因為依據有限，段說並未得到廣泛認同。

近幾十年來，先秦秦漢時期的簡牘、帛書、璽印、銘刻等考古材料大量出現，古文字學界對贛字的認識有了決定性突破。從李家浩先生獨具慧眼破解「上贛君之謁璽」開始[1]，人們逐漸認識到，戰國時期贛字有歁、歀、贛、贛、贛等形體，基本構造是從章、從欠、從貝，欠亦為聲符。我們今天熟悉的贛字，實際上是「贛」、「贛」等形的訛變和俗體字[2]。後來贛一直有兩種讀音，一讀幹，一讀貢[3]，應與此有關。在此基礎上陳劍先生又發現，早在西周金文中已有贛字，作𣦼、𣥺等形，是一個會意字，像人以雙手賜予玉璋，意為賞賜。後來右邊的𣥺演變為欠，

---

1 李家浩：《楚國官印考釋》，《江漢考古》1984 年第 4 期。

2 參何琳儀《戰國古文字典 戰國文字聲系》下冊，第 1453-1455 頁；黃德寬《古文字譜系疏證》第四冊，第 4041-4043 頁；滕壬生《楚系簡帛文字編》增訂本，第 517 頁；李運富《楚國簡帛文字構形系統研究》，第 129-130 頁。

3 如《集韻》贛江之贛讀為古暗切，贛賜之贛讀為古洞切。

遂形成了贛字的早期形體「歂」[4]。陳說得到古文字學界較普遍的認可，可以信據。由此可知，上古贛字字形、字音確不從貢，許慎錄「贛」而非「贛」表現了大師的精審，但也有小誤，段玉裁的有關見解則實屬卓識。

　　近期我對古文字材料中的贛字做了進一步考察，得出的認識是：戰國及秦代相關諸字出現較多（特別是在數量頗豐的楚、秦系簡帛文獻中），而「贛」字則尚未見[5]。從已知材料看，「贛」字最早出現在西漢初年馬王堆漢墓帛書《春秋事語》中，用於子貢之名。可能抄寫於西漢前期的定州漢簡《論語》，子貢也有寫作「子贛」或「子𧵽」（當為贛的異體）的[6]。東漢碑銘中亦有實例，如《譙敏碑》及熹平石經《論語》[7]。但漢代古文字資料中「贛」字實例相對很少，馬王堆帛書裡贛字多作「贛」、「贛」、「贛」等形，但「贛」僅上舉一例；《漢印文字彙》共收入三十九個贛字，只有二個從貢，一作「贛」，一作「𧵽」；在諸多漢簡及湖南長沙走馬樓三國簡資料中，贛也絕大部分從貝而不從貢。總的來說，西漢以來伴隨著隸書的發展，「贛」字出現

---

4 陳劍：《釋西周金文的「（贛）」字》，《北京大學古文獻研究所集刊》（一），北京燕山出版社 1999 年版。

5 雲夢睡虎地秦簡《日書》中有一「𧵽」字，可能為「贛」字的或體，待證。另新出湖南龍山裡耶秦簡中數見「𧵽」字，也很值得注意。

6 河北省文物考古研究所定州漢墓整理小組：《定州漢墓竹簡〈論語〉》（文物出版社 1997 年版）。需要說明的是，該整理小組將簡本中十余例子貢、子贛全部隸定為「子𧵽」、「子贛」，但據公佈的部分摹本，實際多數也作𧵽、贛之形，只有個別從貢。

7 據《隸釋》卷十四《石經〈論語〉殘碑》，「子贛」、「子贛」各三見。

漸多，但更流行的寫法仍然是從貝的「贛」、「𧵑」、「贑」等形。此外，「灨」雖已出現，但極少見（目前僅見一例，應為東漢之印）。

　　到魏晉時期，「贛」可能已成為普通寫法，「灨」字也流行起來。曾經引起「蘭亭序」真偽之爭的東晉贛令王興之、王閩之父子兩墓誌三見「灨」字[8]，這是六朝使用「灨」字以及已知最早將江西贛縣寫作「灨」的實例。此後，除了少數學者（如唐代開成石經《五經文字》和宋代《廣韻》的作者等），一般人已是只知有「贛」，不知其始了。

　　瞭解贛的本字和演變，不僅是解說贛文化的第一步，而且也有其他意義。比如由此可以更好地利用新出考古和古文字資料研究江西上古史，又比如我們可以知道，今天所見先秦兩漢乃至更晚古籍中的「贛」或「灨」字，其實是後來抄刻而成，並非本來面目。因而，自劉宋劉澄之以來聚訟一千數百年的「章、貢成贛（水）」之說的確是不能成立的[9]，反而是北宋歐陽忞《輿地廣記》先有贛水、後有章、貢的說法更值得重視。

　　第二個問題，以贛為江西簡稱始於何時？

　　江西稱贛，無疑因為縱貫全境的贛江之故。贛水至晚戰國已經得名，然而以「贛」代稱江西從什麼時候開始？這一問題向少

8　南京市文物保管委員會：《南京象山東晉興之夫婦墓發掘報告》，《文物》1965 年第 6 期；南京市文物保管委員會：《南京象山 5 號、6 號、7 號墓清理簡報》，《文物》1972 年第 11 期。

9　劉說見《水經注》卷三十九引。

討論，近來翻檢史料，發現這其實是很晚近的事情。

西漢初年，在今章、貢二水匯流處設贛縣，屬豫章郡。此後贛縣歸屬屢有變更，隋唐以來屬虔州，為州治。在很長時間裡，凡言贛、贛人，均指贛縣而言。如唐代著名書法家鐘紹京，《資治通鑑》卷二〇九說他是「灨（贛）人」，新舊《唐書》本傳則說是「虔州贛人」[10]。又如蘇東坡謫貶北歸期間，與友人書信屢言「度嶺過贛」、「候水過贛」、「已到贛上」，又有名詩《八月七日初入贛，過惶恐灘》，「贛」也都是指贛縣和虔州州治之地。

宋高宗紹興二十三年（1153），以虔為虎頭不祥，改虔州為贛州。此後，「贛」更多的時候是指贛州（府）全境。試舉數例：

> 江西（風水）之法，肇於贛楊筠松、曾文辿。及賴大有、謝世南輩，尤精其學。（《王忠文集》卷二十，《叢錄》）
>
> 紹熙癸丑之秋，贛境大水，至浸於（信豐）縣鼓樓兩樟之間。（《夷堅志丙》卷一）
>
> 江西山皆至五嶺、贛上來，自南而北，故皆逆。（《朱子語類》卷二）

---

10 類似的例子如《九江記》（《太平御覽》卷四二五引）：「王植新，贛人也」；《資治通鑑》卷二六七：「（廖）爽，贛人也」；同書卷二七六：「匡齊，贛人也」，其實說的都是「虔州贛人」。

明正德十一年（1516），朝廷設「巡撫南贛汀韶等處地方提督軍務」，嘉靖四十五年（1566）定為南贛巡撫，下轄南安、贛州、韶州、南雄、汀州等府。清初延續，至康熙四年（1665）正式撤銷。這一時期並延及清代中後期，「贛」一般仍指贛州府境，但範圍有擴大的趨勢。贛州與原從虔州分出、清代又同屬嶺北道（後改贛南道）的南安，在稱謂上逐漸接近，「南贛」、「贛南」成為習語。因此，有時就有以贛代指南、贛情形出現。如《明儒言行錄》卷八：「贛人性矯野，（王守仁）為立十家牌法，作業出入有紀，又行鄉約，設社學，教郡邑子弟歌詩習禮……嶺北風俗，為之丕變。」既云「嶺北」，顯然是指南、贛二府之地。又明《李友華墓誌》：「（萬曆中）巡撫南贛……在贛十四年，威惠甚著」；《盛京通志》卷七十七《胡有升》：「（順治五年）以總兵出守南贛……六年致仕，贛人思其德。」這裡單言的「贛」，則是包括南贛巡撫轄區而言了。

儘管內涵逐步擴大，但直至清後期，「贛」一直只是局促於江西南部一隅，並未成為全省概稱。歷史上，江西的概稱有豫章、江西、江右、西江等，元明時期隨著江西行省的設立，也稱江、江省，「江」成為江西簡稱[11]。清代朝廷詔奏及官方文書中

---

11 如元人虞集《貢院題名記》：「夫江省，所統郡二十，多以文物稱」；明歐陽鐸《黃鄉保築城碑》：「贛，江省邊邑也」；李振裕《與吉水王明府書》：「江省理學，海內所推」（以上引文均見同治《江西通志》的《藝文志》，該志類似例子很多，不俱引）。又清計六奇《明季北略》卷二十一《李邦華》：「今異增兵以扼險，江撫駐九江，贛撫駐吉安，以壯虎豹當關之勢。」可見當時「江」、「贛」之別是明顯的。

大量使用「江省」、「江境」、「江撫」、「江、閩」、「江、粵」等語，曾任江西巡撫的蔡士英有《撫江集》一書，說明清代仍然通行。

但「江」作為省稱，易與江蘇和黑龍江相混（清代兩省也可稱「江」或「江省」），因而最終未能持久通行，「贛」逐漸取代「江」成為江西簡稱。現在可斷言的是：清末江西稱贛已經普遍流行。檢《近代期刊篇目匯錄》[12]，最早有光緒二十三年（1897）十月初五日上海《集成報》轉載《申報》「贛省西學」報導，光緒二十七年（1901）有「贛撫被參」、「贛撫李議複新整事宜折」、「贛試不停」、「贛出教案」等報導，從此到光緒三十四年（1908），江西、北京、上海、南京、廣州、重慶、武昌、廈門、山東等地多種報刊關於「贛」省的報導多達六〇條，其後宣統時期短短三年亦近六〇條。複檢《清實錄》，咸豐、同治時期官方詔奏中「贛」仍然專指贛州或南贛，「江」則依舊為江西簡稱，至光緒二十九年（1903）「贛省」出現，以後不斷增多，迄光緒末共計六處；《宣統政紀》涉及「贛」省之文激增，多達二十處。承廖聲豐博士協助檢索第一歷史檔案館所藏清宮中檔和軍機檔，情況和《實錄》相似。自光緒三十一年（1905）護理江西巡撫周浩就釐定江西營制章程上奏摺中首見「贛省」，此後亦逐漸增多。其他例子還有很多，如光緒三十年（1904）出版的《江

12 南昌大學歷史系內部資料本，2005 年

西官報》已見「贛省」字樣[13]；光緒三十一年（1905）浙江發生「浙贛鐵路交涉」風波[14]；光緒三十三年（1907）江西鑄造發行贛字款銅元；三十四年（1908）七月，留日江西留學生創辦《江西》雜誌，萍鄉湯增璧作《警告全贛書》、《比較贛人與江浙人之對路事》、《贛事拾遺》等文[15]；同年江西洋務局汪鐘霖《贛中寸牘》印行，等等。這些例證均可證明，光緒末年「贛」稱已極普遍，而且民間較公文使用要更早一些。不過應指出的是，清末江西「江」的概稱並沒有立即被完全取代，而是與「贛」並用，入民國後才逐漸消失。

不言而喻，「贛」稱的流行一定不始於光緒末年，而應有一個發展過程。但究竟早到何時，則還需要研究。《清史稿》有以下三條有關記載：

《列傳》一五八《牛鑒傳》：

「（道光二十二年〔1842〕耆英等）合疏以保全民命為請，略曰：江寧危急，呼吸可虞，根本一摧，鄰近皖、贛、鄂、湘，皆可航溯。」

《列傳》二百七十七《王東槐傳》：

---

13 《江西官報》當年第十四期載黃大壎、陳三立等人關於創辦機器造紙公司的呈文，其中言及：「竊贛省土紙，實為大宗，而海關洋紙，日益進步。」

14 浙江同鄉會當年在日本印行《浙贛鐵路事件》一書（國家圖書館古籍部藏），對此有較詳記載。

15 參周年昌《湯增璧先生傳略與研究》，《中國民主革命的先驅——湯增璧》，甘肅人民出版社 2011 年版。

「（道光三十年〔1850〕奏言）若開礦之舉，臣曾疏陳不便，順天已停，而湘、贛等省試辦，驚擾百姓，利害莫測。」

《列傳》二百十《王拯傳》：

「（同治三年〔1864〕疏言）擬請飭贛、皖、楚、粵各疆臣，值此事機至緊，無論如何變通為難，總當殫竭血誠，同心共濟。」

按說有這幾條證據，本可以認為道、同間稱江西為「贛」已漸流行。但鑒於以下幾方面原因，我以為還有可疑。

其一，我翻檢了很多咸同時期的史料，未見江西稱「贛」確證；儘管說有易，說無難，特別是我的閱讀面相對於浩如煙海的同期史料當然還是太少，但問題是《實錄》和檔案材料也是如此，這就不能不慎重了。

其二，我一度認為是同治年間江西稱「贛」鐵證的趙之謙文獻被否定。同治十一年（1872）冬，著名學者和藝術家趙之謙到南昌，協助巡撫劉坤一撰修《江西通志》，光緒十年（1884）逝於江西。其間他在書信中多有談及在「贛」情形，並有《贛省通志》部分手稿存於上海圖書館[16]。但近詢該館有關人士，「贛省

---

16 近年文物拍品中有不少涉「贛」的趙氏手札，如「弟自到贛以來，終日銜參，一差未得，暫居客館，草草勞人」（西冷印社有限公司 2009 年春拍品，見博寶拍賣網）；「到贛兩年僅以志書一差，月薪不滿四十，一家八口何以支持」（中貿聖佳國際拍賣有限公司 2006 年春拍品，見同上）；「擬于初冬往贛，為稟到候補之急務也。吾哥如有信致贛，可預書就弟便帶去」（北京中漢 2011 年秋拍品，見中國收藏網）；「賀太尊定於正月初十日接首府印，大得蔣公心，到贛總在二月初間，

通志」四字非撝叔親筆，而是民國收藏者的題識；而當下拍賣會上出現的諸多趙氏涉「贛」書札，權威的趙之謙墨蹟集中不見著錄，公認真品的趙氏書札只說「江西」、「江省」、「江右」、「豫章」等，因而疑點甚多。筆者特請教清華大學古代書畫鑒定專家邱才楨博士，他斷然認為這些拍品全為低仿贗品。據此，以往著錄中個別涉「贛」的趙氏書信，也就難為信據了。

其三，《清史稿》成書於民國，編撰者往往用當時語言概括史料，包括詔奏文字。舉一個類似的例子，《德宗實錄》載：光緒二十九年七月護理江西巡撫柯逢時奏：「贛省義寧、新昌二州縣交界地方，有黃岡山，久經封禁。」同年《江西官報》上刊登了奏摺原文，詳盡很多，但這一段內容相同，唯「贛省」寫作「江西」。這顯然是宣統年間實錄館臣綜述奏摺時做了改動。因而，《清史稿》的上述三條材料，也就值得存疑了。至少，《牛鑒傳》一條明言「略曰」，說明經過作者概括而非原疏文字。

因此，江西簡稱為「贛」的約定俗成，可能還是光緒朝即十九世紀七〇年代以來的事情。我推測清末民初「贛」逐漸替代「江」成為江西簡稱的原因，應與電報的應用有關。因為費用的昂貴使電報文字大量使用簡稱，並且要求精確規範，不易誤解。

速則正月之杪」（上海鴻海商品拍賣有限公司 2010 年秋拍品，見博寶拍賣網）。又《悲庵手札真跡》上冊亦有一札云：「到省數月，未獲一差，日用應酬，支持不易。贛地之柴米，較吾浙價賤，惟房租甚貴」（民國十四年碧梧山莊石印本）。《贛省通志》稿本見《上海圖書館地方志目錄》，1979 年自印本，第 289 頁；《上海圖書館藏明清名家手稿》，上海古籍出版社 2006 年版，第 74 頁。

鑒於電報在中國的流行正是一八七○年代以後的事情，這一推測不為無據。我很希望，有更深入的研究可以證明或證誤我的觀點。但顯然，相比於許多省份，如蜀、粵、閩、晉、豫、皖、滇、黔、浙、陝等簡稱的確定均不晚於明代，江西稱贛是很晚的事情，距離現在僅百餘年。由此，「贛」也走完了它從小到大的歷史道路。

搞清贛作為江西簡稱的時間也是有意義的，至少讀古籍時可避免犯錯。比如，我們不能把古籍中絕大部分的「贛」當作江西看待；又如在清代檔案整理擬題或寫文章時，將清初江西稱為贛省、江西巡撫稱為贛撫也屬不夠嚴謹。此外，以贛稱來鑒別書畫文物，則是一種辨偽的有效手段。

兩點認識已如上述。以考據文章代替序言，似乎不合常規。但我想，上述心得對贛文化研究應有裨益，故而還是大膽寫出，以供批評。同時我想說，對贛字的考察讓我聯想到：對於絢麗多彩、豐富深厚的江西歷史和文化來說，不僅研究天地極為廣闊，而且可能還有許多實屬基本的問題仍待關注和解決。研究者需要更加腳踏實地，勤奮努力，細緻深入，堅持不懈，才能把研究做到佳境，臻於一流。這是我所熱切期望於南昌大學各位朋友的。

二○一一年最後一日於京華

序

周文斌

　　煌煌鴻制的《贛文化通典》即將付梓刊行，鄭克強教授主其事，並囑我作文以序之。這部大書，由數十位南昌大學的同仁參與編撰，是教育部「211」重點專案「贛學」的標誌性成果。由此我想起了孔憲鐸教授在《我的科大十年》中所說：「現代研究型的大學，多有三個功能：教學、研究和服務社會。為此科大要求所有的教員既要是教學的良好的教師，又要是研究的優秀學者，也要是對香港乃至中國南部的經濟和社會發展有貢獻的好公民。三者合而為一，缺一不成。」[1]南昌大學作為江西省最重要的高等教育機構，在江西省無疑是一個高層次人才聚集的淵藪。我們的教師隊伍，同樣既要做教學的良師，又要做研究的優秀學者，同時也要做對江西省及周邊地區經濟和社會發展有貢獻的好公民。

　　在世界範圍內，所有優秀的公立大學都將公共服務作為重要的辦學宗旨，比如美國最好的公立大學——加州大學伯克利分校

1　孔憲鐸：《我的科大十年》，北京大學出版社 2004 年版，第 1 頁。

就明確提出辦學宗旨為「教學、研究和公共服務」[2]，注重在公共服務中樹立良好形象，加強大學與社會的全面聯繫，尤其注重為加州的經濟發展和社會進步服務。這部《贛文化通典》可以視為南昌大學的同仁為總結發掘江西古老而豐富的文化遺產所做的一點實績。在邵鴻教授的序文中，就贛學和贛文化情況進行了精彩的闡述，在此本人毋庸贅言。我想借此機會著重談兩方面的問題：一是談談南昌大學的歷史使命；二是就現代教育理念，談談學科建設與公共服務的關係。

有人說贛文化是中國文化隱性的核心和支柱，善隱厚重，堅韌質樸。當我們用歷史的眼光感受深沉的江西文化，不能不正視推動獨具特色的贛文化精神形成的一支重要力量，那就是在中國教育史和思想史上赫赫有名的江西書院。書院產生於唐代，源於私人治學的書齋與官府整理典籍的衙門[3]，後來成為藏書、教學與研究相結合的中國古代特有的高等教育機構和文化學術思想交流的中心。書院既是一個教育機構，又是一個學術研究機構，中國歷代文人在書院這一相對獨立自由的環境裡，碰撞智慧，傳承思想，同時完成了古代中國文化教育和人才培養的歷史使命。江西自古重教崇文，素有「文章節義之邦」的美譽，這在某種程度上得益於江西曾有中國古代最為發達的書院文化。自宋代至明代，江西能夠成為中國的一個文化重地，與書院講學之風大興不

2　hpp://www.berkeley.edu/about/〔EB/OL〕.

3　鄧洪波：《中國書院史》，東方出版中心 2004 年版，第 49 頁。

無關係。江西書院「肇於唐，盛於宋」，跨越千年。從唐代「開元盛世」開始，江西就有了中國歷史上最早的書院之一，此後江西書院代有增置，據考證，有學者認為江西古代書院足有千餘所之多，鼎盛時期求學人數達數千人。清代學者李漁曾在《興魯書院記》中說：「江西名書院甲於天下」，聞名全國的書院就有白鹿洞、豫章、濂溪、白鷺洲、象山、鵝湖、懷玉、東湖書院等，不勝枚舉。江西書院數量之多，規模之大，教育品質之高，社會影響之大，在我國古代書院一千多年的歷史中獨領風騷。從教育者的眼光來看，眾多的江西書院中值得一提的是位於江西廬山五老峰南麓、被譽為「天下書院之首」的白鹿洞書院。南宋理學家朱熹重修白鹿洞書院，自兼洞主之後，為書院建立了嚴格的規章制度。朱熹以理學教育家的觀點，在總結前人辦學所訂規制的基礎上，制訂了《白鹿洞書院揭示》，即「父子有親，君臣有義，夫婦有別，長幼有序，朋友有信……博學之、審問之、慎思之、明辨之、篤行之……」提出了書院教育的指導思想、目標、教育內容、教育方法等，是中國古代書院學規的典範，隨即為江西和全國各地眾多書院所借鑒或採用，是中國教育史上最早的教育規章制度之一，並被後代學者認為是中國古代書院制度化、規範化的重要標誌。以書院學規為總的教育方針，朱熹在白鹿洞書院開展了多種形式的教學活動，包括「升堂講學」、「互相切磋」、「質疑問難」、「展禮」等，書院師生於相互問難辯詰之中，悠遊山石林泉之間，促進學術，傳承文化。

歲月流逝，一百多年以前，近代中國在探索強國振興的道路上選擇了完全移植西方的大學制度。在晚清學制改革的大潮中，

為了急於擺脫「無裨實用」的傳統教育制度，清政府採取了取消書院，以便集中人力財力，發展新教育的「興學至速之法」，不無遺憾地拋棄了中國傳統的書院文化。幸而跨入新世紀的今天，書院文化又一次進入中國學人的研究視野，並日益受到各方重視。正如清華大學老校長梅貽琦先生所言：「今日中國之大學教育，溯其源流，實自西洋移植而來，顧制度為一事，而精神又為一事。就制度言，中國教育史中固不見有形式相似之組織，就精神言，則文明人類之經驗大致相同，而事有可通者。」[4]在完善現代意義上的中國大學制度方面，傳統的學院精神應有其獨特的位置和作用。

南昌鍾靈毓秀，是贛鄱文明重要的發源地。兩千多年以來，南昌一直都是贛文化的中心，來自江西各地的才子們匯聚南昌，走向全國，成就了兩宋以來光輝燦爛的江西文化。身處其中，南昌大學應該繼承江西書院文化的優良傳統，自覺肩負起傳承、繁榮、發揚贛文化的歷史使命。

如果說歷史悠久、博大厚重的傳統書院文化為南昌大學的發展進步提供了豐富的精神食糧，那麼，立足二十一世紀的南昌大學還必須擁有以現代教育理念改造自身、積聚力量，並為中國現代化進程貢獻片瓦，為社會進步提供智識支援和人才支持的決心和勇氣。

南昌大學是一個學科齊全的綜合性大學，對於這類大學，著

4　梅貽琦：《大學一解》，《清華學報》第 13 卷第 1 期，1941 年 4 月。

名的教育家克拉克·科爾（Clark.kerr）定義為「多功能大學」
（multi-versity），與先前人們熟知的單一功能大學（Uni-versity）
相區別。這類大學的功能有三項：首先，大學生產知識，培養有
創造性的人才，提供專業和基礎訓練，從事社會服務是其基本職
責。其次，大學還與知識消費相關：包括創造通識教育機會，創
造和維持一個充滿活力和興趣的校園。提供社會關愛，如醫療、
諮詢和指導。第三，與公民教育相關，促進社會進步和公正是教
育的責任[5]。在一個全省人口總數達四四〇〇餘萬的區域裡，作
為江西省唯一的一所江西省人民政府和教育部共建的國家「211
工程」重點建設大學，南昌大學有責任，也有能力為全省及周邊
區域提供優良的高等教育資源，使有志青年得到富有競爭力和創
造力的教育，從而成為國家建設的有用人才。

　　學科建設是高等學校的一項基礎性、全域性、戰略性的系統
工程，是學校建設的核心內容。創建綜合性大學，必須正確處理
學科建設中「基礎學科」與「應用學科」的關係，立足於培養高
素質的複合型人才的需要，合理選擇和規劃學科的發展。科學發
展和協調發展是南昌大學在培養人才方面的優勢，我們一方面要
使學生學好專業知識，還要發揮綜合性大學門類齊全、學科交叉
的優勢，通過文理工醫等多學科的整合教育、通識教育，充實學
生的文化底蘊，提高學生的綜合素養，將專業教育與學生的人格

5　轉引自馬萬華《從伯克利和北大清華》，教育科學出版社 2004 年版，
第 16 頁。

塑造、個性培養、世界觀、價值觀的完善結合起來，體現知識、能力與人格間的和諧統一，促進學生的全面發展。

　　作為一所輻射全省的地方性高等院校，南昌大學還應該積極利用地方資源進行學科建設，打造富有地方特色的優勢學科，從而更好地為區域經濟發展和文化建設服務。從當前高等教育發展的潮流看，大學為地方服務已成為共識與發展趨勢。「現在需要用一種新的觀點來看待高等教育，這種觀點要求把大學教育的普遍性與更多適切的必要性結合起來，以對社會對其功能發揮的期望作出回應，這一觀點不僅強調學術自由和學校自治的原則，而且同時強調了高等教育必須對社會負起責任。」[6]以科學發展的眼光來看，大學不僅是進行知識傳授和科學研究的中心，更是參與社會變革乃至於引導社會進步的重要因素。地方性院校只有更加關注地方的現實發展，以提供公共服務的姿態積極參與地方區域建設，才能更好地實現自身價值，謀得更為廣闊的發展空間。

　　「所謂大學者，非謂有大樓之謂也，有大師之謂也。」借此機會，我祝願未來的南昌大學大師雲集、學術豐厚；希望昌大人不僅勤於個人「檢束身心，砥礪品性」，且懷一顆拳拳報國之心，以自己的專業所長，服務社會，造福人民。謹為序。

6　聯合國教科文組織：《國際發展戰略（1991）》。

　　一、《地理與行政區劃沿革卷》為《贛文化通典》的第一卷。

　　二、本卷內容分為三編。上編：江西自然地理；中編：江西人口與民族；下編：江西行政區劃沿革。

　　三、全卷編排採用編、章、節、目結構。正文共十五章。江西自然地理編分八章，由地質、地貌、氣候、水文、土壤、植被、生物資源、自然災害等組成；江西人口與民族編分五章，由歷代人口、人口分佈、人口構成、民族和宗教信仰、人口素質等組成；江西行政區劃沿革編分二章，由省級行政區劃沿革、地級市及所屬各縣（市）歷代建置沿革等組成。內容力求詳今明古，通貫古今。

　　四、時間斷限。全卷內容上限不定，力求追溯到事物的發端；下限自然地理編、人口與民族編大多敘述至一九九〇年，其中小部分有後延；行政區劃沿革編截至二〇〇八年底。

　　五、歷史紀年和簡稱。中華人民共和國成立前、後以及江西省各市、縣解放前、後，簡稱「新中國成立前、後」。新中國成立前，採用帝號紀年或朝代紀年，並夾注公元年份。新中國成立後，概以西元紀年。

六、本卷編寫儘可能吸收省內外學術界已有的或最新的贛文化研究成果，所收資料主要來源於省直各單位、各部門的專業志、發展史，各地市、縣（市）志，各級圖書館、檔案館、博物館館藏資料，歷代正史、地方志等文史資料。

七、本卷編寫分工。鄭克強：江西概況；應琦、裴重義、高詠梅：上編第一章、第二章，中編第一章至第五章，下編第一章第七節至第八節；李琳：上編第三章至第五章；龍建新、管畢財：上編第六章至第八章；孫麗、廖蘭：下編第一章第一節至第六節；吳曉龍：下編第一章第九節、第十節；袁禮華、張昇陽、王華蘭、劉春：下編第二章第一節至第七節；徐福來、李儉峰、李常春、韓慶偉、袁禮華：下編第二章第八節至第十一節。此外，孫華、林萍、魯志華、潘泉、許南海、李改娥等同志參加了輯校編錄等工作。

八、由於編寫任務重、時間緊迫，水平有限，卷內內容難免失當不妥之處，請廣大讀者批評指正。

概況 江西

　　江西省位於長江中下游南岸，地跨東徑 11°34'-118°29'、北緯 24°29'-30°05'，東鄰福建、浙江，南連廣東，西界湖南，北接湖北、安徽，古有「吳頭楚尾，粵戶閩庭」之稱。全省面積十六點六九萬平方千米，約占全國總面積的百分之一點七四。列華東各省、市之首，居全國第十八位。江西為長江三角洲，珠江三角洲和海峽兩岸三大經濟發達區域之腹地，京九鐵路和浙贛鐵路縱橫貫通全境，地理位置優越。

　　江西地貌以山地、丘陵為主，山地約占全省面積的百分之三十六，丘陵約占百分之四十二，平原約占百分之十二，水域約占百分之十。地勢周高中低，由南向北漸次向鄱陽湖傾斜，形成一個向北開口的不對稱箕狀盆地。地貌成因類型主要有構造侵蝕地貌，構造侵蝕剝蝕地貌，構造剝蝕地貌、侵蝕溶蝕地貌和侵蝕堆積地貌等。全省地形大致分為邊緣山地，中南部丘陵、鄱陽湖平原三大區域。東、南、西三面環山，主要山脈一般在一千至二千米之間。東北有懷玉山，東面有武夷山脈，南面有大庾嶺和九連山，西面有羅霄山脈，西北有幕阜山和九嶺山。組成岩石主要為花崗岩、變質岩等。中南部丘陵區地形複雜，低山，丘陵，崗地

與盆地交錯分佈。北部鄱陽湖平原，為長江及鄱陽湖水系之贛、撫、信、饒、修等河流沖積形成。全省最高峰黃崗山海拔 2157 米（鉛山），最低點星子縣蛤蟆石附近湖底海拔—9.37 米。境內山嶺、谷地、河流與湖泊及熔岩、丹霞、第四紀冰川遺跡等特殊類型地貌，共同構成江西獨特的地貌。

江西河流湖泊眾多，水資源極為豐富。全境有大小河流 2400 餘條，總長 1.8 萬餘千米，1000 多座湖泊星羅棋佈。境內河流多以鄱陽湖為中心，呈向心狀分佈，由外向內大多匯入贛江，撫河、信江、饒河、修水五大河系，在贛北注入鄱陽湖，經湖口注入長江。鄱陽湖水系流域面積 16.22 萬平方千米，占全省流域面積的 94%。平均每年由鄱陽湖經湖口注入長江的水量為 1457 億立方米。鄱陽湖是省內，也是全國最大的淡水湖，豐水季節最大面積 5100 平方千米。全省地表水資源量 1582 億立方米，地下水資源量 385 億立方米，人均擁有水量和耕地畝均占有水量均高於全國平均水平；主要河流和湖泊水質良好，達到了國家 II 類到 III 類標準。

江西位於我國東部季風區，緯度較低，屬亞熱帶暖濕季風氣候。冬冷夏熱，四季分明，雨量充沛，光照充足，無霜期長，冰凍期短。四季氣候特點是，春季陰雨連綿，夏季高溫多雨，秋季氣爽乾燥，冬季陰冷多偏北大風。江西是著名的「江南魚米之鄉」，土地肥沃，光、熱、水條件優越，土地資源具有開發和利用的多宜性，適宜於發展農、林、牧、漁各業。鄱陽湖平原是全國重點商品糧和農副產品生產基地之一。全省土壤類型多種多樣，按自然土壤分，主要有山地草甸土、山地黃棕壤、山地黃紅

壤、山地黃壤和紅壤等；屬非地帶性土壤有石灰土、紫色土、草甸土，以及人工熟化的農業土壤如水稻土、潮土等。江西生物資源豐富，有被子植物 210 科 1340 屬 4088 種，裸子植物 8 科 31 種（亞種），蕨類植物 49 科 114 屬 432 種（亞種），占全國種數比例的 17%。植物系統演化中各個階段的代表植物均有分佈，有不少原始性狀的古老植物，是寶貴的天然種質資源。野生脊椎動物有 845 種，占全國種數的 13.3 %；其中獸類 102 種，鳥類 420 種，魚類 205 種，爬行類 77 種，兩棲類 41 種；列入國家保護的珍稀瀕危動物多達 322 種，占全國種數的 24.8%。鄱陽湖是世界上最大的候鳥棲息地，棲息著 11 種國家一級保護動物和 40 多種國家二級保護動物，有 13 種鳥類被國際鳥類保護組織列為世界瀕危鳥類。全省森林覆蓋率達到 60.5%，居全國第二位。

　　江西不僅地表資源豐富，而且地下寶藏遍佈全省各地，是我國主要的有色、稀有、稀土礦產基地之一，也是我國礦產資源種類較為齊全，配套程度較高的省份之一。在全國已探明儲量的 220 多種礦產中，江西就有 101 種。儲量居全國前三位的有銅、鎢、銀、鉭、鈮、鈾、鉍、鉛、金、伴生硫、滑石、麥飯石、鉭、矽、灰石、碲等。其中銅、鎢、鈾、鉭、稀土、金、銀，其儲量和產量在全國舉足輕重，被譽為江西省的「七朵金花」。江西現已發現溫泉 94 處，熱水孔 22 處，全省溫泉總流量達 2270 萬噸。江西豐富的地下礦產，淡水和熱泉水資源，具有不可估量的經濟發展潛力。

　　江西全省人口 2007 年末為 4368.4 萬，人口密度 262 人／平方千米。人口自然增長率 7.9%。人口分佈以鄱陽湖平原及贛江

中下游地區、贛南山間盆地、滬昆鐵路沿線地區較為稠密，四周邊遠山區人口密度較低。民族構成以漢族為主，占全省人口總數的 99.69%；少數民族占 0.31%，主要有畬、回、滿、壯、苗、蒙古、瑤、土家、侗、朝鮮、布依、白、彝、黎、高山、藏、水、傣、納西、錫伯、哈尼、羌、傈僳、達斡爾、仡佬、拉祜、景頗、布朗等 38 個少數民族，其中畬族人口最多，約 8 萬多人，回族次之，約 1 萬人。畬族是江西最古老的聚居性少數民族。

江西因境內贛江縱貫南北而簡稱「贛」。由於歷史悠久，歷代政區變化較大。商周前，全省除現省境西北隅屬《禹貢》九州的荊州外，其餘皆為揚州的轄域。春秋時分屬吳楚，戰國時屬楚。秦統一全國實行郡縣制時為九江郡的屬地。漢高祖設豫章郡，下轄 18 縣，豫章郡是江西最早的具全省性的行政區劃單位。新莽改豫章郡為九江郡，仍領 18 縣。東漢復名豫章郡。三國吳，豫章郡分析為 6 郡 57 縣。西晉以江西地區的郡縣為主體設置江州，江西共設 7 郡 58 縣。南北朝時期，劉宋時江西之地置 7 郡 53 縣。齊襲宋制，江西地區仍舊為 7 郡 53 縣。梁代江西地區有江州、高州、吳州，共轄 8 郡 62 縣。陳代江西地區有江州、吳州，共轄 9 郡 60 縣。隋文帝裁閒並小，並改州郡縣三級製為州縣二級，煬帝又改為郡縣二級，江西地區共有 7 郡 24 縣。唐代各郡都改稱州，州之上設「道」。太宗時全國分為 10 道。玄宗開元二十一年（733）析置為 15 道。其中江南道析為東西 2 道，江西地區的 8 州 37 縣全部在江南西道。江西由此而得名。

五代，江西地區初屬楊吳，後屬南唐，歸鎮南軍節度使管轄。北宋初，改道為「路」，江西的州縣，分隸於江南西路和江南東路。江南西路所轄 10 州軍有 9 個在今江西地區。江南東路所轄饒州、信州、江州，南康軍為今江西轄地。南宋以後，江州改隸於江南西路。元代設江西行中書省（簡稱行省或省），江西大部分隸屬江西行省，饒州路、信州路、鉛山州隸屬江浙等處行中書省。明代設江西承宣佈政使司（仍稱省），將州（郡）、軍改為府，轄 13 府 1 屬州 77 縣，地域與今相當。江西作為一個完整的大行政區，至此穩定下來了。13 府為南昌、瑞州、饒州、南康、九江、廣信、撫州、建昌、吉安、袁州、臨江、贛州、南安。清沿明制，康熙六年（1667），設江西布政司，領 13 府 1 直隸州 1 屬州 75 縣 4 屬廳（縣級）。

　　民國元年（1912），廢府州，各縣均直轄於省。三年（1914），全省劃分為豫章、潯陽、盧陵、贛南 4 道，轄 81 縣。十五年（1926），廢道，各縣直隸於省。二十一年（1932），全省劃分為 13 個行政區，二十四年（1935），全省縮改為 8 個行政區，三十一年（1942），全省調整為 9 個行政區，均下轄 83 縣，延至解放前。其間在土地革命戰爭時期（1927-1937），江西是中國共產黨領導全國人民進行革命鬥爭的主要根據地之一。先後建立了中央、湘贛、湘鄂贛、閩浙贛 4 塊連片的革命根據地，建立了中央蘇維埃政權和江西、閩贛、閩浙皖贛、湘贛、湘鄂贛、粵贛、贛南 7 個省級蘇維埃及 110 個縣級蘇維埃政權。革命根據地面積占江西全省總面積的三分之二，人口占全省總人口的二分之一以上。

　　新中國建立後，江西省行政區劃進行過多次調整。至 2008 年全省共設南昌、景德鎮、萍鄉、九江、新余、鷹潭、贛州、吉安、宜春、撫州、上饒 11 個設區市及 19 個市轄區、70 個縣、10 個縣級市。省會設在南昌市。

目錄

▌中篇▌　江西人口與民族

▌ 下篇 ▌　行政區劃沿革

上篇 ——

自然概貌與資源

地質

　　江西全境位於華南板塊之上，大致以浙贛鐵路為界，以北屬於揚子陸塊東南邊緣，南部地處南華活動帶（南華褶皺帶）的東北部。江西省區的地殼經過多次地質變動，產生各種類型構造，從而奠定了全省地貌的基本格局。江西省區內的地層發育齊全，沉積岩發育良好，類型種類多。江西省區內的岩漿活動以侵入為主，岩漿岩類型齊全，尤以花崗岩類最為發育。變質作用多樣，形成各種類型的變質岩，省區內的變質岩以區域淺變質岩為主。礦產資源豐富，特別是以鎢、銅、稀有、稀土等金屬礦產著名於世。江西地質是省區內諸自然地理要素發生、發展的基礎之一，特別對地貌的影響尤為重要。

第一節 ▶ 地層

　　組成省區內地層的岩石中以沉積岩分佈面積最廣。古、中元古代地層主要出露於贛北，新元古代至早古生代贛北區主要屬穩定型或過渡型沉積，贛中南區屬活動型沉積，泥盆紀以來全省地層趨近一致，均屬穩定型沉積。

一、古元古界

　　星子岩群，僅出露於星子縣觀音橋至溫泉一帶。岩性為雲英石英片岩、石榴雲母片岩、十字石片岩、石英岩、二雲斜長片麻岩、角閃斜長片麻岩等。

二、中元古界

　　中元古界有雙橋山群、張村群、田裡岩組和宜豐岩組。

　　雙橋山群，分佈於贛北九嶺山、鄣公山廣大地區，岩性主要為變餘碎屑岩、沉凝灰岩和板岩、千枚岩，夾變安山岩、細碧岩—角斑岩。由下而上分為障公山組、橫湧組、計林組、利安組和新民組。張村群，分佈於懷玉山地區，岩性為條紋條帶狀變餘粉砂岩、細砂岩、板岩，夾變基性熔岩、變細碧岩，有時含變質蛇紋岩，下部具礫岩。分為韓源岩組和榔樹底岩組。田裡岩組，分佈於上饒縣田裡和廣豐縣翁家嶺之北，岩性為雲母片岩夾少量碳酸鹽岩、古火山岩。宜豐岩組，分佈於九嶺山南麓，岩性為片岩夾變細碧岩、變輝綠岩、變石英角斑岩。

三、新元古界

青白口系

　　青白口系有落可崠群、登山群、鐵砂街群、廣豐群、神山群、上施群、周潭群。

　　落可崠群，零星分佈於武寧—都昌一帶，岩性為砂礫岩、礫岩、層狀凝灰岩、層火山角礫岩夾板岩、英安岩。登山群，分佈

於懷玉山脈北坡，岩性為變餘雜砂岩、板岩、礫岩夾細碧岩及基性、中酸性火山熔岩。包括祝家組、拔竹坑組和葉家組。鐵砂街群，分佈於弋陽鐵砂街，岩性為變細碧岩—石英角斑岩、大理岩、白雲質灰岩、矽質岩、千枚岩、板岩。廣豐群，分佈於廣豐縣下溪鄉翁家嶺一帶，為一套陸相磨拉石火山沉積。分為桃源組、翁家嶺組和羅村組。神山群，泛指江西中南部相當青白口期地層，岩性為千枚岩、黑色千枚岩、變餘砂岩、變火山熔岩。分為澴嶺組和神山組。上施群，分佈於新余市良山鎮和分宜縣苑坑鄉，以含火山質泥砂碎屑岩為主，包括庫裡組和上施組。周潭群，分佈於鉛山至東鄉一帶，岩性為片岩、片麻岩、變粒岩、混合岩。分為周潭岩組和萬源岩組。

震旦系

震旦系分贛北區震旦系、贛中南區震旦系。

贛北區震旦系屬穩定型沉積。下統下部以淺海相碎屑建造為主，上部為大陸冰蓋冰水沉積。上統以淺海相泥矽質及碳酸鹽岩建造為主。下震旦統有蓮沱組、南沱組或雷公塢組。蓮沱組：在修水流域曾用名橫路硐門砂岩、硐門組，岩性為石英砂岩、石英砂礫岩夾粉砂質泥板岩。在上饒地區曾用名志棠組，岩性為黃綠、灰綠色變餘粉砂岩、砂礫岩、板岩夾含錳灰岩、矽質。南沱組或雷公塢組：在贛西北稱南沱組，岩性為暗灰、灰黑色冰磧礫岩、含礫凝灰質板岩、泥質板岩。在上饒地區稱雷公塢組，岩性與南沱組相近，偶夾碳酸鹽岩。上震旦統分陡山沱組、燈影組、西峰寺組。陡山沱組，廣佈贛北地區，岩性主要為頁岩。燈影組，僅見於修水縣城南小水嶺，為白雲岩夾黑色矽質岩。西峰

寺組，廣佈於北部地區，下部或稱能塢組，為白雲岩、矽質灰岩及黑色矽質岩等，含膠磷礦磷塊岩；上部以黑色矽質岩為主。

　　贛中南區震旦系，為一套巨厚的復理石或類復理石火山質泥砂岩建造。下震旦統分下坊組、上施組。下坊組，分佈於武功山區，岩性為大理岩、礫岩夾條帶狀磁鐵石英岩、炭質千枚岩，局部夾變玄武岩。上施組，廣佈贛中南部地區，岩性為板岩夾變餘砂岩、變餘沉凝灰岩、時夾大理岩。上震旦統分洪山組、老虎塘組含壩裡組。洪山組，僅分佈於武夷山區，以上統為主，還含有下統一部分，岩性主要為片岩、片麻岩、變粒岩、角岩、石英岩、透鏡狀大理岩或夾變質鐵礦層。老虎塘組含壩裡組，廣佈贛南地區，岩性為變餘砂岩夾變餘沉凝灰岩、板岩，局部夾變細碧岩、變流紋岩，頂部矽質岩。

四、下古生界

寒武系

寒武系分贛北寒武系、贛中南寒武系。

　　贛北寒武系是以碳酸鹽岩為主的沉積建造。下統分王音鋪組、觀音堂組、荷塘組。梅樹村階、筇竹寺階、滄浪鋪階，此三階在武寧至湖口一帶統稱王音鋪組，岩性為炭質頁岩、黑色矽質頁岩夾透鏡狀灰岩，底部矽質岩夾石煤層。龍王廟階，即觀音堂組，岩性為灰綠、黃綠色頁岩，粉砂質頁岩夾炭質頁岩，頂部灰岩屬烏石門灰岩之底。荷塘組，修水及懷玉山區下之統稱，岩性為黑色矽質岩、矽質板岩、頁岩，底部夾石煤層。中統為毛莊階、徐莊階、張夏階，統稱楊柳崗組，岩性為灰色中厚層泥質條

帶灰岩、泥灰岩為主夾鈣質、粉砂質頁岩。上統分華嚴寺組、西陽山組。崮山階、長山階，統稱華嚴寺組，岩性與楊柳崗組相近。鳳山階，即西陽山組，岩性與楊柳崗組相近。

贛中南寒武係為典型的濁積岩，由泥砂質碎屑組成類復理石建造。下統稱牛角河群，岩性為灰、灰黑變餘砂岩、變餘沉凝灰岩、板岩、炭質板岩，底部黑色矽質岩、矽質板岩夾石煤層、磷結核，含釩、鈾等元素。中統稱高灘群，岩性為灰綠色變餘砂岩、板岩及少量炭質板岩。上統稱水石群，僅見於贛西永新及崇義一帶，岩性為灰綠、黃綠色變餘砂岩、粉砂質板岩、板岩。

奧陶系

奧陶系分贛北奧陶系、贛中南部奧陶系。

贛北奧陶系僅分佈於修水、德安以北至彭澤、懷玉山兩側，武寧及懷玉山一帶以泥質岩石為主夾碳酸鹽岩建造，長江南岸為淺海碳酸鹽岩建造。下統分新廠階、寧國階。新廠階，主體稱印渚埠組，以頁岩為主，夾泥質灰岩和透鏡狀灰岩，長江南岸為白雲岩。寧國階，主體稱寧國組，下部為灰綠色頁岩，上部以黑色矽質頁岩為主，長江南岸的上部為灰岩。中統有胡樂階、韓江階和湯山組。胡樂階，稱胡樂組，為黑色矽質岩、矽質板岩。韓江階，稱硯瓦山組或硯瓦山灰岩，岩性為灰黑色瘤關泥灰岩及灰岩。長江南岸中統未分，稱湯山組，為瘤狀灰岩、泥灰岩，夾生物碎屑灰岩。上統分石口階、五峰階。石口階，稱黃泥崗組，為黃綠色鈣泥質頁岩，玉山一帶灰岩發育，湖口至彭澤一帶為瘤狀泥灰岩及灰岩。五峰階，於修水至武寧一帶稱五峰組，岩性筆石相黑色泥頁岩、粉砂岩，頂部為黏土；玉山北部南衝一帶稱長塢

組，為砂岩、頁岩；玉山下鎮之截山稱三巨山組，岩性為灰岩、泥質灰岩。

　　贛中南部奧陶系僅分佈於永新、崇義、虔南一帶，為一套巨厚的類復理石濁積岩為主的沉積建造。下統分新廠階、寧國階。新廠階，永新一帶稱爵山溝組，岩性為變質砂岩夾板岩；崇義一帶稱茅坪組，岩性為板岩。寧國階，崇義、永新等地稱七溪嶺組，為黑色矽質岩、矽質板岩，部分底部為灰綠色板岩。中統為胡樂階、韓江階。胡樂階，稱龍溪組，為黑色矽質岩、矽質板岩。韓江階，稱韓江組，岩性為變餘砂岩、板岩或黑色炭矽質板岩。上統分石口階和五峰階。石口階，永新縣石口為建階層型點，稱石口組，為變餘砂岩及板岩。五峰階稱「蒲瓏組」或花面壟組，為變餘砂岩、板岩。中上統的古亭群僅分佈在崇義西部古亭至文英一帶，岩性為變餘砂岩、凝灰質砂岩和板岩夾結晶灰岩。

志留系

江西境內的志留系地層僅分佈於省區北部。

　　下統分龍馬溪階、牛石欄階和白沙階。龍馬溪階稱黎樹窩組，主要為灰綠色頁岩、砂質頁岩、細砂岩。牛石欄階稱殿背組，為頁岩、粉砂岩。白沙階稱清水組，岩性為雜色頁岩、粉砂岩、細砂岩。中統秀山階，即夏家橋組（含浬溪組），為頁岩、砂質頁岩、砂岩。上統分關底階和五龍寺階，總稱西坑組，岩性為雜色凝灰質細砂岩、粉砂岩夾頁岩。

五、上古生界

泥盆系

江西區域內的泥盆紀地層僅有中、晚世沉積，由西向東，由淺海碳酸鹽岩沉積為主相變為陸相碎屑岩沉積為主。

中統分為應堂階和東崗嶺階。應堂階稱跳馬澗組（蓮化至上高）、陡水組（崇義至龍南），岩性為灰白色的石英礫岩、砂岩，上部紫紅色砂頁岩和沉凝灰岩等。東崗嶺階於稱棋子橋組（蓮化至上高）、羅塅組（崇義至龍南）和雲山組（于都至信豐），棋子橋組岩性為白雲岩、白雲質灰岩夾粉砂岩、頁岩等。羅塅組岩性為砂岩、頁岩夾白雲岩。雲山組岩性為石英礫岩、砂岩夾紫紅色粉砂岩、頁岩。上統分佘田橋階和錫礦山階。佘田橋階在省區西南部稱佘田橋組，岩性為石英砂岩、粉砂岩、頁岩夾狀赤鐵礦層，上高至萬載中上部相變為厚層灰岩、泥灰岩。在于都地區稱中棚組，岩性為長石石英砂岩、長白砂岩夾粉砂岩、頁岩。錫礦山階在省區西南部稱錫礦山組，為淺海相石英砂岩夾頁岩、泥灰岩、白雲岩及狀赤鐵礦層。在于都地區稱三門灘組，岩性為黃色頁岩、粉砂岩、石英砂岩、長石石英砂岩、泥灰岩及沉凝灰岩。

江西省境內中北部上統未分，稱五通群。下部可稱觀山組，為灰白、紫紅色石英砂岩、長石石英砂岩及石英礫岩。上部別稱擂鼓台組，以砂岩為主夾砂質頁岩和薄層鐵礦。

石炭系

石炭系下統僅分佈於省區中南部，分四階，「待建階」、岩關階、大塘階和德塢階。省區「待建階」與岩關階未分，在贛湘

粵交界區稱岩關組，為灰黑色泥灰岩、灰岩及砂質頁岩夾白雲岩；永新烏石山尚夾石膏層。省區中西部稱橫龍組，岩性為砂岩、粉砂岩夾頁岩。省區中部稱華山嶺組，岩性為紫紅色礫岩、砂礫岩及頁岩，有時夾赤鐵礦層。大塘階和德塢階未分，在省區西南部稱大塘組，下部為灰岩、泥質灰岩、白雲質灰岩，中部為石英砂岩、粉砂岩、頁岩及薄煤層，上部為白雲岩、白雲質灰岩、灰岩。萍鄉麻山相變以矽質岩為主。省區中南部稱梓山組，岩性為砂岩、粉砂岩、頁岩夾煤層，底部具石英礫岩。

上統遍於全省，分滑石板階、達拉階和馬平階。滑石板階和達拉階未分，省區總稱黃龍組，鉛山至廣豐一帶稱藕塘底組。黃龍組下部白雲岩、白雲質灰岩，上部灰色灰岩夾白雲質灰岩。藕塘底組岩性為石英砂岩、鈣質粉砂岩、頁岩夾灰岩。馬平階即船山組，岩性為致密灰岩、生物灰岩。

二疊系

江西省境內的二疊系下統以濱海、淺海相碳酸鹽岩為主，上統為海陸交互相含煤建造及碳酸鹽岩建造。

二疊系下統分棲霞階和茅口階。棲霞階即棲霞組，主要為灰黑色瀝青質灰岩，含燧石結核和條帶狀燧石層。在贛北武寧至彭澤底部為砂岩、頁岩，時夾灰岩及煤層，或稱王家鋪組。茅口階在省區中北部稱茅口組，岩性為灰白色緻密塊狀灰岩，含燧石結核。省區中部地區稱小江邊組，岩性為鈣質頁岩夾薄層灰岩和矽質頁岩。樂平一帶茅口組中上部相變為黑色矽質岩、矽質頁岩夾矽質灰岩。省區南部鉛山至信豐一帶稱安州組，岩性為砂岩、粉砂岩、頁岩夾灰黑色矽質頁岩。

上統分龍潭階和長興階。龍潭階在省區北部稱吳家坪組或吳家坪灰岩，底部稱老虎山組或龍潭組。省區中部稱樂平組，由砂岩、粉砂岩、泥岩夾煤層組成，即樂平煤系，分官山、老山、獅子山及王潘裡四段（組），其中老山段上部以上在錦江流域相變為矽質岩、灰岩等，稱七寶山組。省區南部稱霧林山組，即霧林山煤系，岩性為雜砂岩、粉砂岩、頁岩夾煤層。長興階，省區一般稱長興組或大隆組，長興組岩性為灰色厚層灰岩、矽質灰岩，時夾矽質岩。大隆組為矽質岩、矽質頁岩、泥頁岩。

六、中生界

三疊系

江西區域內的三疊系下統為淺海相泥砂質、碳酸鹽岩建造。中統為海相夾陸相層的海陸交互相泥砂質碎屑岩建造。上統為海陸交互相的含煤建造。

下統分佈較廣，稱大冶群。下部為泥岩、粉砂岩夾灰岩，或稱鐵石口組。上部以灰岩為主稱高安灰岩，以白雲岩為主稱相城白雲岩。中統稱楊家群，分佈零星，岩性為紫紅、黃綠等雜色粉砂岩、細砂岩、泥岩。上統稱安源組，即安源煤系，岩性為礫岩、砂岩、粉砂岩、泥岩夾煤層。吉安、天河一帶的安源煤系稱天河組。

侏儸系

江西境內的侏儸係為陸相沉積。

侏儸系下統稱林山組，以水北砂岩為主體，岩性為黃綠、灰白色長石石英砂岩、粉砂岩和泥岩，近底部有時夾煤層，永修河

橋還夾有泥灰岩。中統稱羅坳組，為紫紅色長石石英砂岩、粉砂岩、泥岩，時夾泥灰岩。上統即武夷火山岩系，東鄉至鉛山自下而上分為打鼓頂組和鵝湖嶺組。打鼓頂組以中基性噴發岩、中酸性熔結凝灰岩、集塊岩及沉積碎屑岩為主。鵝湖嶺組為中酸性噴發岩、流紋岩、熔結凝灰岩及沉積碎屑岩，有的頂部可屬火把山組。龍南至尋烏自下而上分為菖蒲組和雞籠嶂組。菖蒲組為玄武岩、安山玄武岩及沉積碎屑岩。雞籠嶂組為熔結凝灰岩、流紋岩及沉積碎屑岩。

白堊系

江西省區內的白堊系分佈廣，為一套巨厚的陸相紅色碎屑岩建造。

下統以火把山組為主，岩性為雜色砂岩、粉砂岩、泥岩夾酸性火山熔岩。貴溪羅塘、新田一帶相當火把山組上部層位相變稱羅塘組，為紫紅色砂岩、粉砂岩、泥岩含膏鹽層。上統，晚白堊世早期地層稱贛州組，由紫紅色礫岩、砂礫岩、砂岩、雜色泥岩組成。晚白堊世晚期地層稱南雄組（省區中南部）和圭峰組（信江盆地），南雄組岩性為紫紅色礫岩、砂礫岩、砂岩及泥岩，圭峰組岩性為紫紅色礫岩、砂礫岩、砂岩夾泥岩，泥岩常含膏鹽層。

七、新生界

第三系

江西境內的第三係為紅色岩系，陸相河流、湖泊沉積。

下第三系清江盆地自下而上稱新余組和臨江組。新余組岩性

為紫紅色礫岩、砂岩、粉砂岩、泥岩、含膏鹽礦層，有時含灰岩。臨江組岩性為砂岩、泥岩夾薄層油頁岩和石膏。池江盆地自下而上分獅子口組、池江組、坪湖組和魚仙塘組。獅子口組岩性為磚紅色礫岩、砂岩。池江組岩性為紫紅色砂岩及灰綠、灰黑色泥岩。坪湖組岩性為紫紅色泥質砂岩、砂質泥岩夾灰綠、灰黑色泥岩。魚仙塘組或稱魚仙塘礫岩，以紫紅色礫岩、砂礫岩為主，盆地中心還發育細砂岩、泥岩及泥炭。武寧盆地總稱武寧群，據岩石組合分為磨下組、廟嶺組、鄭家渡組和奉新礫岩，岩性為紫紅色礫岩、砂岩、粉砂岩、泥岩等，武寧王埠廟嶺組含灰岩，稱王埠灰岩段。

上第三系僅見於廣昌盆地、吉泰盆地及贛州盆地。頭陂群（廣昌、吉安、永豐）下部為礫岩、沙礫岩，上部為砂岩、粉砂岩、泥岩。大壟裡組（贛縣大壟裡和五云橋）岩性為紫紅色礫岩、砂礫岩。

第四系

江西境內的第四系以河湖沉積為主。

下更新統，各主要水系河流沉積稱贛縣組，沉積物為礫石層、砂礫石層夾亞黏土、亞砂土。大排嶺泥礫，冰川沉積，見於廬山海會鄉南，為鮮紅色泥礫。鄱陽冰磧層，分佈於九江姑塘鎮北東的鄱陽湖畔，為絳紅色泥礫。鄱陽—大姑間冰期堆積層，分佈於星子附近鄱陽湖畔，以黃色黏土為主，下部為灰黑色泥炭。

中更新統，進賢組，河流沖積，發育於各主要水系河谷上游及鄱陽湖平原，沉積物以發育紫紅色網紋紅土為特徵，由礫石層、砂礫石層、黏土及亞黏土層組成。大姑冰磧層，冰川堆積，

見於九江姑塘大姑山和甘棠湖畔，下部為棕紅、灰白色砂礫石層或礫石層，上部為棕紅色、赫色泥礫。大姑—廬山間冰期堆積層，見於九江甘棠湖畔，為褐紅色網紋紅土、亞黏土。

上更新統，晚更新世早期河流沖積和洪—沖積層均稱蓮塘組，分佈廣，以贛江及其主要水系河谷地帶、鄱陽湖畔及長江南岸最為發育，沉積物以粗砂、細砂為主夾黏土、礫石層。長江南岸湖口拓機砂層，沉積物由粉砂質細砂及細砂組成。河泛—湖積層稱新港組，見於贛江下游、贛撫平原及長江南岸，沉積物以亞黏土層為主夾亞砂土層。廬山冰磧層，分佈在廬山牯嶺鎮王家坡、大校場，為黃色泥礫。

全新統，廣泛分佈於省區主要水系河谷、河口及長江南岸，統稱聯圩組，為河床—河流相以及湖泊—沼澤相沉積。河流沖積相沉積物一般為灰白色礫石、粗砂、砂質黏土及灰黑色亞砂土、亞黏土等。湖沼相常夾泥炭層，即凹裡組。

第二節 ▶ 地質構造

江西屬於華南板塊，在地質時期經歷多次構造運動和長期地質構造演化，陸塊與板塊構造反覆多次分裂解體，再集合銲接，產生構造變形和復合改造。

一、構造運動

江西省區內的地質時期，自中元古代以來共發生十七次構造運動。分別是中元古代晚期至晚元古代早期的四堡運動，晚元古

代的晉寧運動和澄江運動，早古生代中晚期至晚古生代早期的加里東運動Ⅰ幕（北流運動）和加里東運動Ⅱ幕（廣西運動），晚古生代的淮南運動、黔桂運動和東吳運動，中生代的印支運動、南象運動、燕山運動Ⅰ-Ⅳ，中生代晚期至新生代早期的燕山運動Ⅴ幕，新生代的喜馬拉雅運動Ⅰ、Ⅱ幕。其中，具有重大變革意義的主要有四堡、加里東、印支和燕山等構造運動。

四堡運動

四堡運動在江西又被稱為九嶺運動或落可崍運動，大致作用於距今約十億年左右的中元古代末期，係指落可崍組（贛北）、登山群或翁家嶺組（贛東北）與雙橋山群之間不整合接觸，為一重要造山運動，伴隨有花崗岩漿侵入。使江西北部中元古代華南古裂谷海槽及其陸緣裂陷海盆封閉、構造變形，相互拼貼為古華南陸塊。

加里東運動

加里東運動是早古生代地殼運動，可分為兩幕。

加里東運動Ⅰ幕，又稱北流運動，發生於距今四點四億年左右的奧陶紀末期。在江西北部揚子陸塊區尚未發現明顯的構造界面，僅湖口至彭澤一帶五峰組後期缺失。江西南部南華活動區之上奧陶統中已發現多層砂礫岩互層，並普遍缺失志留系，同時有加里東早期酸性岩漿侵入，反映以造陸為主的上隆構造環境——熱變事件。

加里東運動Ⅱ幕，即習稱的加里東運動，又稱廣西運動，大約發生於距今4億年左右的志留紀末期。江西北部揚子陸塊區以造陸運動為主，不僅導致中—上泥盆統五通群與下伏志留系呈假

整合接觸。江西南部南華活動區（或褶皺帶）以造山運動為主，不僅導致中－上泥盆統以顯著角度不整合覆於寒武、奧陶系淺變質岩系之上，並有加里東晚期花崗岩漿的廣泛侵入。加里東運動使江西南部晚元古代至早古生代的南華裂陷海盆封閉、構造變形，形成南華活動帶（南華加里東褶皺帶），與揚子陸塊碰撞拼貼的統一的華南大陸板塊，即華南板塊。

印支運動

印支運動在江西又名安源運動，大約發生於距今二點〇五億年左右，上三疊統安源煤系呈顯著角度不整合覆蓋於下三疊統大治群、中三疊統楊家群及以前老地層之上。這次運動在江西及鄰區為重要的造山運動。它使中三疊世及其以前的沉積蓋層發生構造變形，從此結束了大規模的海侵，轉入瀕太平洋構造域活動的新階段。

燕山運動

燕山運動是江西境內及其鄰區大陸板塊強烈活動和岩漿廣泛侵入與噴發時期，也是省內重要金屬成礦時期，大約發生在距今兩億至〇點七億年間，可以分為五幕。

燕山運動Ⅰ幕，是比較重要的一幕，主要發生在距今一點七五億年左右，中侏儸統羅坳組與下侏儸統林山組為不整合或超覆不整合關係。有廣泛的中、酸性岩漿活動，是江西有色金屬重要成礦期。

燕山運動Ⅱ幕，是強烈而很重要的一幕，主要發生在距今一點六五億年左右，上侏儸統火山岩系與中侏儸統羅坳組形成不整合界面。既有強烈的斷裂和斷塊活動，又有廣泛的中、酸性岩漿

噴發和侵入，也為江西有色金屬重要成礦期。

　　燕山運動Ⅲ幕，主要發生在距今一點三五億年左右，下白堊統與上侏儸統之間呈整合至假整合關係。以斷塊差異作用為主，在擠壓隆起的構造背景上，發育一些斷陷盆地，並伴隨有中酸性岩漿侵入和中、基性岩流噴溢。

　　燕山運動Ⅳ幕，主要發生在距今一億年的晚白堊世與早白堊世之間，上、下白堊統呈角度不整合接觸。裂陷活動加劇，形成一系列晚白堊世斷陷盆地，岩漿活動已顯著減弱，趨於尾聲，只有少量中、基性岩流沿著斷陷盆地的邊緣噴溢。

　　燕山運動Ⅴ幕，主要發生在距今〇點七億年老第三紀與晚白堊世之間，下第三系與上白堊統為漸變過渡或超覆不整合關係，岩漿活動微弱。

二、斷裂

　　江西省區內的斷裂發育，規模不等，性質複雜。一些區域性大斷裂，經長期多次活動和改造，是江西構造分區的重要依據之一。主要較大、較深斷裂，對省區沉積建造、岩漿活動、成礦作用以及地貌形成和發展起著控製作用。按其展佈方向，主要有北東東向、北北東向及北西向等幾組斷裂或斷裂帶。

北東東向斷裂帶

　　北東東向斷裂帶中規模較大、切割較深的斷裂帶主要有萍鄉—廣豐、修水—德安、崇義—會昌、虔南—尋烏等。萍鄉—廣豐斷裂帶，是揚子陸塊和南華活動帶（南華褶皺帶）在省內的分界線，大致沿浙贛鐵路分佈，主要傾向南南東，傾角較陡。

北北東向斷裂帶

北北東向斷裂帶中規模較大、切割較深的斷裂帶主要有湖口—新幹、尋烏—瑞金、安遠—鷹潭等。湖口—新幹斷裂帶即習稱之「贛江大斷裂」，斷面多為南東東方向傾斜，傾角較陡，控制年曆中、新生代盆地的形成。尋烏—瑞金，斷面多傾向南東東，控制了燕山期岩漿活動和輓近地震的活動，並控制了白堊紀紅盆地的形成和地層的分佈。安遠—鷹潭斷裂帶位於羅霄—雪山褶皺帶與武夷褶皺帶的結合部，呈北北東向斜列展佈，為變質分異的分界線，控制了加里東期到燕山期的岩漿活動和動力變質作用。

北東向斷裂帶

北東向斷裂帶在省區不同大地構造單元中均廣泛發育，其中規模較大、切割較深的斷裂帶主要有遂川—德興、豐城—婺源、宜豐—景德鎮、大庾—南城和虔南—安遠等。遂川—德興斷裂帶的北東段控制著中元古代裂解海槽的形成，蛇綠岩帶、科馬提岩的展佈，以及晚元古代和早古生代的沉積建造和岩漿活動，對晚古生代和中生代的沉積建造和燕山期的岩漿活動、金屬成礦作用有重大影響。遂川—德興斷裂帶的南西段控制著中生代紅盆地的形成發展及加里東期的岩漿活動，並控制了晚古生代及白堊紀的沉積建造和印支—燕山期複式花崗岩的展佈，又發育有動力片麻岩和糜棱岩帶。

北西向斷裂帶

北西向斷裂帶主要有廣濟—九江、瑞昌—鷹潭、南昌—黎川、宜春—吉水等。南昌—黎川斷裂帶明顯控制了白堊紀紅盆地

的形成和晚侏儸世中酸性陸相火山噴溢以及撫河河床的展佈。

三、構造分區

　　江西隸屬華南板塊，下分兩個一級構造單元、五個二級構造單元、九個三級構造單元。一級構造單元有揚子板塊與南華活動帶（或南華褶皺帶）。揚子板塊下分下揚子拗陷帶、江南地塊、浙西地塊等三個二級構造單元，下揚子拗陷帶下為九（江）—瑞（昌）拗陷三級構造單元，江南地塊下分九嶺—鄣公山塊體、萍（鄉）—樂（平）拗陷、官帽山塊體等三個三級構造單元，浙西地塊下為弋（陽）—上（饒）拗陷三級構造單元。南華活動帶下分羅霄—雩山褶皺帶、武夷褶皺帶兩個二級構造單元，羅霄—雩山褶皺帶下分武功山—玉華山隆起、永（新）—吉（安）拗陷、雩山—九連山隆起三個三級構造單元，武夷褶皺帶下為武夷山隆起。

揚子陸塊

　　江西北部只是揚子陸塊的一部分，揚子板塊具有雙層基底，在早、中元古代淺變質岩系之下尚有中深變質的結晶基底。江西北部的基底岩系多由雙橋山群淺變質岩組成，上覆沉積蓋層分別為震旦系—志留系和上泥盆統—中三疊統。區內岩漿活動相對微弱，僅中、晚元古代和侏儸、白堊紀較強烈。該區褶皺構造線的方向以北東東及北東走向為主。

　　該區經歷過四次主要的構造運動。四堡運動為強烈的褶皺運動，形成一系列線形同斜褶皺帶及斜衝斷層、韌性剪切帶，並伴隨著強烈的岩漿活動，岩石普遍遭受低變質。加里東運動主要表

現為升降運動或震盪運動，形成區內南北兩側的大型拗陷，在其隆拗過渡地帶形成一系列斷裂帶。印支運動表現較強，拗陷區內褶皺斷裂均較發育，結束了該區海侵歷史。燕山運動的主要特徵是塊斷運動，發育了一系列斷陷盆地、推滑覆構造帶，岩漿活動頻繁。

南華活動帶（或南華褶皺帶）

江西南部只是南華活動帶的一部分，南華活動帶是華南板塊中活動性較強的部分，江西南部由前泥盆紀（主要為中、晚元古代—奧陶紀）淺變質岩系和部分中深變質岩系組成褶皺基底，上覆沉積蓋層由中泥統—早、中三疊統組成。該區褶皺構造線走向非常複雜，基底褶皺為近東西向和近南北向弧形走向為主，沉積蓋層以北東或北東東方向為主，二者多呈明顯的斜交關係。

該區褶皺斷裂均甚發育。加里東運動為強烈的褶皺運動，形成一系列近南北延伸，向西凸彎為主的弧形褶皺帶，走向逆衝或斜衝斷層，韌性剪切帶、韌—脆性斷裂帶。印支運動為較強烈的褶皺運動，沉積蓋層褶皺較平緩，斷裂亦較發育。燕山運動為強烈的塊斷作用，形成一系列斷陷盆地、推滑覆構造帶。

四、地質構造演化

江西省區域內的地質構造發展演化史，大致可劃分為四個階段，早—中元古代、晚元古代—早古生代、晚—古生代至早中三疊世、中—新生代。古元古代末江西原始陸殼形成，並開始了板塊活動，歷經中、新元古代兩次板塊離散和四堡、加里東期兩次板塊匯聚，形成了具有南北差異的基底陸塊。晚古生代至早中生

代全境陸塊穩定發展。晚中生代時陸塊強烈活動，為主要岩漿成礦時期，復經塊斷作用，形成了今日的「盆、嶺」景觀。第四紀以來江西地殼比較平穩。

早、中元古代發育時期

早、中元古代是原始華南陸塊的裂解、聚合和古華南陸塊的形成時期。

早元古代末期的呂梁造山運動，原始陸殼第一次克拉通化，形成了江西地殼的結晶基底。中元古代早中期，江西位於原始華南陸塊，因裂谷作用的強烈活動，經歷了大規模的裂解擴張和位移離散，形成古揚子陸塊和古華夏（古東南）陸塊及二者之間的陸間擴張帶和陸緣裂陷海盆。江西中部的萍鄉至德興一帶淪為汪洋。中元古代晚期華南海洋殼向兩側陸殼俯衝，揚子、華南兩個古板塊的陸緣地帶轉變為活動陸緣。中元古代末的四堡運動使華南海盆萎縮，萍鄉至德興一帶成為向南西方向開口的具有洋殼的殘留海盆。九嶺—障公山地區受南側洋殼俯衝，發生強烈的褶皺造山，形成一系列近東西向和北東向的複式褶皺，出現了古九嶺山脈。揚子古板塊東南部的江南地塊基本固結，同時華南陸緣也發生褶皺和初步固結。這是江西陸殼的第二次克拉通化。

晚元古代至早古生代發育時期

晚元古代至早古生代是古華南陸塊的再度裂解、聚合和華南板塊的形成時期。

晚元古代至早古生代，江西及鄰區地殼強烈擴張，古華南陸塊再度裂解為較為穩定的揚子陸塊和相對活動的南華活動區（或南華裂陷海盆區）。其裂解構造邊界，大致位於萍鄉（北）至豐

城和東鄉至鉛山至廣豐一帶，形成了遼闊的北東向陸間海盆。晉寧運動使江西地殼有不同程度的隆升，贛北地塊進一步固結，贛中南地區海水一度變淺。早古生代晚期的奧陶紀或志留紀末加里東運動，由於揚子陸塊向南推擠壓縮，南華活動區或南華裂陷海盆區向西走滑剪切位移的聯合作用下，海盆封閉，碰撞拼貼為統一的華南大陸板塊。並發生不同程度的構造變形、變質作用和岩漿活動。其貼合邊界仍大致位於萍鄉（北）至豐城和東鄉至鉛山至廣豐一帶。揚子陸塊與南華活動帶的拼貼使北側的揚子陸塊區相對上隆和進一步固結，先前形成的剪切帶受到變形和復合改造，形成一系列斷裂帶。南側的南華活動區海盆封閉和強烈褶皺變質，成為南華活動帶，形成了一系列向斜、背斜、剪切和斷裂。

晚古生代至早、中三疊世發育時期

晚古生代至早、中三疊世發育時期是華南板塊內多次裂解（陷）、焊接時期。

晚古生代至早、中三疊世，已拼貼和相對穩定的華南板塊，由於特提斯構造的影響，再經多次裂解（陷）為一系列以北北東至北東向為主的板內裂解（陷）陸表淺海盆地。早、中三疊世末的印支運動，由於華北板塊、藏滇板塊與古太平洋板塊對於華南板塊的推擠和俯衝作用，海盆封閉、海水退出和構造變形。

中、新生代發育時期

中、新生代發育時期是華南大陸板塊的強烈活動時期。

晚三疊世至白堊世的燕山期，隨著華南板塊的進一步固結，華北板塊與古太平洋板塊（包括庫拉板塊）對於華南板塊的相互

交替擠壓和碰撞貼接，使江西及其鄰區進入大陸板塊的強烈活動時期。在雙向，即北（北）西—南（南）東向擠壓及經向擠壓動力驅動下，沉積岩層發生褶皺，地殼上隆，岩石圈發生多層次拆離，形成一系列北北東、北東向為主的斷裂帶及其多字型斷裂網路。

晚白堊世至新生代喜馬拉雅期，華南板塊再度裂解為一系列不同方向的斷塊隆起和斷陷盆地。由於西側特提斯洋盆地的最終關閉，印度板塊向北俯衝擠壓，青藏高原的強烈隆起和太平洋板塊的斜衝，致使江西及其鄰區的華南板塊，在總體隆起的構造背景上，伸展裂解為一系列不同方向和不同規模的斷陷內陸盆地。在北北東向及北東向箕狀斷陷盆地邊緣，因重力波擴展作用，發育了一些同生伸展滑斷裂。晚第三紀及其以後，由於喜山運動（或新構造運動）的作用，奠定了江西現今的構造及地貌輪廓。

第三節 ▶ 岩漿岩和變質岩

江西省區內的岩漿活動在整個地質時代，除第四紀以外，均有活動。特別是在奧陶紀、志留紀及燕山運動時期的侏儸紀和白堊紀，活動強烈。省區內岩漿岩分佈面積約三萬五千平方公里，占全省面積四分之一。岩石類型齊全，超基性岩、基性岩、中性岩、酸性岩以及鹼性岩均有出露，其中以花崗岩分佈最廣，規模最大。

一、岩漿岩

元古代岩漿岩類

江西省區內的古元古代火山岩類出露出廬山東側，為基性、中基性火山岩，以斜長角閃片岩為主，呈夾層狀產於星子岩群中。

江西省區內的中元古代火山岩類分佈於省區北部，為基性、超基性以及中酸性火山岩，有細碧岩、角斑岩、石英角班岩、輝綠岩類及玄武質岩與火山碎屑岩等，呈層關、擬層狀夾於雙橋山群和宜豐群中。

江西省區內的晚元古代火山岩類分佈在贛北和贛中。落可崠組中有安山質凝灰岩、層凝灰岩及英安岩，分佈於贛北九嶺地區。登山群內有熔岩和火山碎屑岩，分佈於贛北懷玉山。神山群中產有細碧—石英角斑岩組合，分佈於萍鄉、新余、豐城、弋陽。廣豐北部的桃源組內有紫紅色爆發角礫岩和火山集塊岩。

江西省區內的震旦紀火山岩類。在贛中南震旦紀地層中，廣泛發育著凝灰岩。震旦紀鐵礦層上下和壩裡組都發育有火山碎屑岩，偶見中基性熔岩。

江西省區內的侵入岩類主要發育於江西北部的九嶺地區，以及贛東北和贛中地區，初步建立四個超單元和一個非正式單位。

星子超單元分佈於廬山南麓星子縣東牯山、西牯山至十里湖一帶，嚴格侷限在雙橋山群變質岩系內，並同受變形。外單元為似斑狀黑雲石英二長岩單元，主要包括石英二長岩、英雲閃長岩、花崗閃長岩等。內單元為二長花崗岩單元，主要岩石有黑雲

二長花崗岩和二雲二長花崗岩等。樟樹墩橄欖岩主要分佈於贛東北及贛中地區，基本沿遂川──德興深斷裂帶的北東段及萍鄉──廣豐深斷裂帶的西段分佈，組成贛東北超基性岩帶和武功山超基性岩帶。主體岩石為蛇紋石化斜輝橄欖岩，其次為輝石岩。黃崗口超單元分佈於九嶺地區九嶺複式深成雜岩體西部，岩性為英雲閃長岩、花崗閃長岩及少量二長花崗岩。九嶺超單元分佈於九嶺地區九嶺複式深成雜岩體的中部和東部，岩性為英雲閃長岩、花崗閃長岩、二長花崗岩和鉀長花崗岩。石花尖超單元分佈於九嶺地區九嶺複式深成雜岩體的中部，岩性由英雲閃長岩、花崗閃長岩、二雲二長花崗岩（局部鉀長花崗岩）組成。

早古生代侵入岩類

江西省境內的侵入岩發育主要分佈在贛南。

寒武紀侵入岩類，超基性岩類在贛南、贛中及贛東南分佈較廣，特別是贛南安遠至定南一帶出露較多，主要為橄欖岩，尚有透輝石岩、蝕變透閃石岩和陽起石岩、角閃石岩等。

江西省區域內的奧陶紀侵入岩在不同地區建立了四個超單元。

豐頂山超單元位於宜春、萬載的豐頂山一帶，分為兩個單元，蘭田單元角閃花崗閃長岩出露於岩體北西側，高城單元二長花崗岩位於岩體中南部。武功山超單元分佈於武功山，三個單元呈環帶狀分佈，由裡向外為金頂單元、溫湯單元、南廟單元，岩性分別為中粗粒巨斑狀片麻狀花崗岩、中粒斑狀片麻狀花崗岩、細粒含斑片麻狀花崗岩。付坊超單元分佈於武夷山南豐、廣昌間，劃分為洋背、高洲、太和、石咀頭四個單元，岩性分別為英

雲閃長岩、花崗閃長岩、二長花崗岩、鉀長花崗岩。塘下超單元分佈於崇義縣塘下，劃分為兩卡坑單元、木梓窩單元，岩性分別為中細粒角閃輝石岩、中細粒角閃輝長岩。

江西省境內的地層中，志留紀早世、中世、晚世三個時期均有侵入岩類產出。

志留紀早世侵入岩類分佈於贛西南部諸廣山地區，從早到晚分為關田超單元和左安超單元。

關田超單元位於崇義縣關田附近，劃分出三個單元，黃沙單元角閃石英二長閃長岩，貓腦單元角閃黑雲石英二長岩、洞上單元角閃黑雲二長花崗岩。左安超單元分佈於贛南諸廣山─萬洋山一帶，左安岩體劃分出五個單元，大窩裡單元中細粒角閃英雲閃長岩，南屏山單元中粒含斑角閃黑雲花崗閃長岩，河口單元中細粒少斑黑雲花崗閃長岩，湖洞單元細粒含斑黑雲二長花崗岩，裡小地單元中細粒黑雲鉀長花崗岩。

志留紀中世侵入岩類分佈於贛西南諸廣山─萬洋山一帶，稱湯湖超單元，湯湖岩體由老至新劃分為三個單元，車腦單元為中細粒少斑黑雲花崗閃長岩，高坪單元為中粒斑狀黑雲二長花崗岩，貓鼻垠單元為中細粒少斑二雲二長花崗岩。

志留紀晚世侵入岩類分佈在武夷山、雩山、諸廣山地區，分別建立大塘、湖坪、上猶三個超單元。

湖坪超單元位於贛中永豐、樂安縣一帶，湖坪岩體劃分為四個單元，老羅陂單元細粒英雲閃長岩，廟前單元中細粒斑狀黑雲花崗閃長岩，屏山單元中細粒斑狀二雲二長花崗岩，棠溪單元細粒二雲二長花崗岩。上猶超單元位於贛南諸廣山─武夷山西側，

上猶岩體劃分為三個單元，大灣裡單元中細粒斑狀黑雲二長花崗岩，田心單元中粒含斑黑雲二長花崗岩，賴塘口單元細粒斑狀二云（白雲）花崗岩。

晚古生代岩漿岩類

江西省境內的晚古生代火山岩不發育，分佈不廣而零星。

泥盆紀火山岩類分佈於中泥盆統棋子橋組和上泥盆統錫礦山組。遂川、泰和中泥盆統棋子橋組，底部夾有火山岩，岩性為凝灰岩、英安岩。崇義上泥盆統錫礦山組上部夾有玄武岩。泥盆紀侵入岩類主要為中基性侵入岩類，分佈於贛北餘干前吳及萬載桃源。前吳單元在贛東北由德興花頂山、餘干支家橋、前吳等地，岩性為輝石閃長岩、閃長岩、石英閃長岩。桃源閃長岩—石英閃長岩分佈於贛西萬載附近。

石炭紀火山岩類分佈於下石炭統梓山組和上炭統黃龍組。東鄉楓林、紅星下石炭統梓山組夾有多層凝灰岩、沉凝灰岩及中酸性火山熔岩。永豐藤田梓山組中見安山玄武岩及安山玢岩。九江武山、東鄉楓林及鉛山永平上石炭統黃龍組底部夾有多層火山凝灰岩和熔岩。

二疊紀火山岩類分佈於桐子嶺及黃牛嶺地區，下二疊統中夾有凝灰岩和凝灰角礫岩。

二疊紀侵入岩類分佈於諸廣山、贛中、九嶺及南武夷山，分別建立四個超單元。

漂塘超單元位於大庾縣漂塘鎮北西兩公里，從外向內建立三個單元，竹山下閃長岩單元，鐵坑水口中細粒石英閃長岩單元和官溪口細粒石英二長閃長岩單元。麥斜超單元分佈於贛中樂安、

新幹、峽江、安福、萍鄉一帶，麥斜岩體從外向內劃分出三個單元，陳坑單元細粒石英閃長岩和英雲閃長岩，厚坑單元中細粒花崗閃長岩，火田村單元二長花崗岩。甘坊超單元分佈於贛西北奉新縣和宜豐縣交界處上富、甘坊、潭山一帶，由老至新劃分為潭山單元中粗粒斑狀黑雲二長花崗岩、花崗閃長岩，同安單元中—中粗粒斑狀二云二長花崗岩。珠長洞超單元分佈於瑞金南大富足一帶，劃分為泮塘細粒少斑含紅柱石黑雲二長花崗岩單元和檔風坳細粒斑狀含紅柱石黑雲二長花崗岩單元。

中生代岩漿岩類

江西省境內的三疊紀火山岩類僅見於吉安安塘一帶，在安源組上部層位中夾有基性火山岩和凝灰岩。三疊紀侵入岩類主要分佈於贛南，諸廣山地區建立營前超單元和橋頭超單元，雩山地區建立清溪超單元，武夷山地區建立富城超單元。營前超單元分佈於上猶縣北西，由老至新劃分為黃田坑、金盤、過江埠三個單元，岩性依次為中細粒斑狀角閃黑雲花崗閃長岩、細粒少斑黑雲二長花崗岩。橋頭超單元是巨大的諸廣山複式深成雜岩體的重要組成部分，劃分出雞公頂山中細粒斑狀二雲鉀長花崗岩單元、野豬窩細粒白雲二長花崗岩單元、店裡中細粒斑狀二雲二長花崗岩單元、秋裡中粗粒斑狀二雲二長花崗岩單元。清溪超單元從邊緣至中心可劃分為田心中細粒似斑狀片麻狀黑雲鉀長花崗岩單元、半步中粒斑狀黑雲鉀長花崗岩單元、里睦村中粗粒斑狀黑雲鉀長花崗岩單元。富城超單元自老至新由外緣向中心劃分為春坑單元中細粒斑狀黑雲二長花崗岩、荷樹崍單元中粒斑狀黑雲母花崗岩、土橋坳單元粗粒多斑黑雲鉀長花崗岩。

晚侏儸世—早白堊世火山岩類廣泛分佈於贛東北信江盆地兩側及相山—玉華山地區以及贛南的龍南至會昌一帶，分為二個火山岩帶。峽江—廣豐火山岩帶岩石為安山岩、英安岩、流紋岩、熔結凝灰岩、集塊岩等，主要見於上侏儸統打鼓頂組、鵝湖嶺組、下白堊統火把山組中。龍南—會昌火山岩帶，上侏儸統菖蒲組含玄武岩、安山玄武岩及流紋質凝灰岩，雞籠嶂組含熔結凝灰岩、流紋岩，下白堊統火把山組夾酸性火山熔岩。

江西省區域內的侏儸紀侵入岩類分佈非常廣泛。

早侏儸世侵入岩類分佈很廣，省區內建有三個超單元和三個單元。

武功山地區建立新泉超單元和楠林單元，新泉超單元由老至新劃分為芭蕉沖單元中粒黑雲花崗閃長岩、汪家坊單元中粒斑狀黑雲二長花崗岩、西布下單元中—細粒斑狀鉀長花崗岩、顏家坊單元中—細粒斑狀鹼長花崗岩，楠林單元岩性為石英閃長岩、花崗閃長岩、輝長輝綠岩。黃陂超單元分佈於雩山地區，黃陂岩體由老至新劃分為元小單元細粒斑狀黑雲二長花崗岩、城江單元中—中粗粒斑狀黑雲二長花崗岩、小布單元粗粒斑狀黑云二長花崗岩。武夷山地區建立大銀廠超單元和南源單元，大銀廠超單元由老至新劃分為陳坊中細粒斑狀角閃黑雲鉀長花崗岩單元、李家中粗粒斑狀角閃黑雲鉀長花崗岩單元、刁橋粗粒巨斑角閃黑云鉀長花崗岩單元，南源單元岩性為石英正長岩、石英二長岩、正長岩。

中侏儸世侵入岩類分佈較早侏儸世更廣泛，省區內共建立七個超單元和兩個非正式單位。

雩山地區月形超單元從老至新劃分為水湖腦單元細—中細粒斑狀黑雲二長花崗岩、下經村單元細—中細粒斑狀二雲鉀長花崗岩。北武夷山地區形成葛仙山超單元和黃沙崗細粒斑狀黑雲二長花崗岩侵入體（非正式單位），葛仙山超單元從老至新由邊緣到內部劃分為葛仙源單元細—中細粒斑狀黑雲二長（鉀長）花崗岩、背前單元中細—中粒斑狀黑雲二長（鉀長）花崗岩、西山排單元中粗粒斑狀黑雲二長（鉀長）花崗岩。

諸廣山地區從早到晚建立馬子塘超單元、岩子坑細粒白雲二長花崗岩侵入體（非正式單位）及鵝形超單元。馬子塘超單元自老至新劃分為口子塘單元細粒斑狀黑雲二長花崗岩、石溪單元細粒含斑黑雲二長花崗岩、關田坳單元細—中細粒黑雲二長花崗岩。鵝形超單元從早到晚劃分為上信地單元細粒少斑黑雲鉀長花崗岩、茅坪單元中粗粒斑狀黑雲鉀長花崗岩、象形單元中粗粒斑狀黑雲鉀長花崗岩、老棚下單元細粒斑狀黑雲文象鉀長花崗岩。

贛東北在懷玉山地區建立靈山超單元，從外向內呈同心環帶狀劃分為南塘單元細粒鉀長花崗岩、前山單元中粒二長花崗岩、黃金灣單元中粗粒角閃黑雲二長花崗岩。障公山地區鵝湖超單元從早到晚由邊緣到內部劃分為石牛單元細粒黑雲花崗閃長岩、東埠單元中—中粗粒黑雲花崗閃長岩。障公山地區的橫山超單元由老至新分為小鳳山單元細粒二長花崗岩、文橋單元中粒黑雲二長花崗岩、里街單元斑狀黑雲二長花崗岩。

晚侏儸世侵入岩類分佈廣泛，在不同地區共建立四個超單元、五個單元及一個非正式單位。

諸廣山地區建立黃謝超單元和西華山超單元。黃謝超單元由

老至新分為觀前單元細粒少斑黑雲二長花崗岩、三溪單元中細粒斑關黑雲二長（鉀長）花崗岩、謝屋單元中粗粒斑狀黑雲二長（鉀長）花崗岩、紫陽單元細粒斑狀黑雲二長花崗岩、梅林單元細粒少斑二雲二長花崗岩。西華山超單元由老至新劃分成羅坑單元、牛山亭單元均為中細粒斑狀黑雲二長花崗岩、蕩坪單元細粒斑狀黑雲二長花崗岩、馬鞍山單元細粒斑狀二雲二長花崗岩（花崗斑岩）。

零山地區發育形成下長山超單元，由早至晚劃分為早龍坑單元細粒斑狀二雲二長花崗岩、七相狹單元中細粒斑狀二雲花崗岩。

虔南—龍南—尋烏地區建立車步輝長岩侵入體（非正式單位）和龍洲單元。車步輝長岩侵入體岩性為輝長岩、角閃輝長岩、輝長閃長岩、輝長斜長岩等。龍洲單元岩石類型包括閃長岩、花崗閃長岩、石英閃長岩、閃長玢岩、英安玢岩等。

修水—武寧地區建立幕阜山超單元，岩性為二長花崗岩和二雲花崗岩。

九嶺地區建立丫吉山單元二長花崗岩和九仙湯單元二長—鉀長花崗岩。

東鄉—鷹潭地區建立賽陽關單元，岩性為石英閃長玢岩、英安玢岩、安山玢岩、粗安玢岩。

贛東北地區和九江至瑞昌一帶建立銅廠單元和城門山單元，銅廠單元岩性為花崗閃長斑岩、閃長岩、斜長花崗斑岩，城門山單元岩性為花崗閃長斑岩、花崗斑岩、石英閃長岩、隱爆角礫岩。

晚白堊世火山岩類分佈於上白堊統贛州組及南雄組中。贛州茅店附近的伊丁玄武岩和安山質凝灰岩，玉山縣城至大徐村一帶的玄武岩，鉛山石溪新塘尾村的橄欖玄武岩均夾於贛州組底部或下部。吉安螺絲山、禾埠橋及泰和盆地的蘆沱、三都等地的橄欖粗玄岩、方沸粗玄岩夾於南雄組中。

早白堊世侵入岩活動十分強烈，形成的侵入岩幾乎遍及全省。

龍南—虔南—尋烏地區建立有寨背、安息、新圩、帽子頂、塔背等超單元。寨背超單元由老至新劃分為雲嶺細粒黑雲二長花崗岩單元、崗背中細粒黑雲二長花崗岩單元、楊梅山中粗粒黑雲二長花崗岩單元、楓樹頭下單元粗粒角閃石英二長岩。安息超單元分為燕山塘微細粒黑雲二長花崗岩單元、石河子中細粒二雲鉀長花崗岩單元。新圩超單元分為田祖細粒斑狀二雲花崗岩單元、黃武腦中細粒二雲鉀長花崗岩單元、新圍中細粒斑狀黑雲鉀長花崗岩單元。帽子頂超單元分為木坑細—中細粒黑雲二長花崗岩單元、大木茶中—中細粒黑雲鉀長花崗岩單元、銅坑嶂花崗斑岩單元。塔背超單元分為蛤蟆石角閃黑雲正長岩單元、田心石英正長岩單元、西梅山鹼長花崗岩單元。南坑超單元分佈於安遠、尋烏一帶，分為牛皮寨細粒黑雲花崗閃長岩單元、白古坑細粒黑云二長花崗岩單元。岩背單元岩性為花崗斑岩、二長花崗岩。上甲花崗斑岩侵入體與寨背超單元同時。

贛南區相繼形成雅山、相山、密峰街、玉華山超單元和桃源二長花崗斑岩單元。雅山超單元由老至新包括新坑中細粒多斑黑雲二長花崗岩單元、銀於嶺細粒白雲鹼長花崗岩。相山超單元分

為石洞碎斑熔岩單元、游家山碎斑黑雲花崗斑岩單元、白雲碎斑鉀長花崗斑岩單元。密峰街超單元包含下左湖碎斑熔岩單元、灌莊碎斑花崗斑岩單元。玉華山超單元分為凌里碎斑熔岩單元、塔溪碎斑花崗斑岩單元。

武夷山地區建立煉丹坪超單元，劃為姚家村單元石英二長岩、橫港單元石英正長岩、東坑單元鉀長花崗斑岩。贛中吉水—進賢建立水漿超單元，劃分為凹背坑細粒含斑二雲二長花崗岩單元、龍石頭中細粒少斑黑雲二長花崗岩單元、桃樹坳中粒多斑黑雲二長花崗岩單元。

贛西北建立雲山超單元和村前花崗斑岩單元。雲山超單元劃分為恆泥田單元二雲鉀長花崗岩、雲林潭單元中粒二雲鉀長花崗岩、雲居山單元中粗粒黑雲鉀長花崗岩。

晚白堊紀岩漿活動較微弱，但形成的侵入岩分佈廣泛。

上饒縣視獅和火燒廟一帶建立非正式單元火燒廟細粒斑狀黑云（二雲）鉀長花崗岩。

流坑單元分佈相當廣泛，岩性以花崗斑岩為主。

第三紀岩漿岩類

江西省區域內的第三紀岩漿活動極微弱。

火山岩類分佈於贛中高安盆地及贛北武寧盆地的邊緣，呈似層狀產於第三系武寧群及新余組中。

侵入岩類建立一個單元和二個非正式單位。早第三紀花崗岩侵入，建立歐龍單元分佈於南豐白含鎮附近的歐龍及郭家山，岩性為細粒斑狀黑雲二長鉀長花崗岩。贛南地區的安遠路逕橄欖岩、崇義濁水輝長岩、南康增坑輝長岩、永豐上帶輝長輝綠玢

岩、黎川南豐坳黑雲角閃輝長岩及遂川東坑坳蛇紋岩等，建立非正式單位路逕橄欖岩（苦橄玢岩）。晚第三紀階段侵入岩均分佈於南昌附近，少數在餘江縣，建立非正式單位苗圃輝長輝綠岩。

二、變質岩

江西省區內的變質岩分佈較廣，出露面積約六萬平方公里，占全省面積三分之一多。區域變質岩、混合岩和其他類型變質岩中區域變質岩分佈最廣。

區域變質岩

江西區域內的變質岩以淺變質的板岩、千枚狀板岩、千枚岩及變質碎屑岩為主，其次是中深變質的片岩、片麻岩、變粒岩等。區域變質作用較為複雜。區域變質期有中元古代四堡期、晚元古代晉寧期和早古生代加里東期，晚古生代以後區域變質作用已消失，而為接觸變質和碎裂變質所取代。根據構造環境的差異和變質作用的特點，大致以萍鄉—廣豐斷裂帶為界，將全省變質單元——區域變質區（帶）劃分兩大區，即江南變質地區和南華變質地區。

江南變質地區分佈於贛北，分為二個變質地帶和三個變質岩帶。

贛北變質地帶

贛北變質地帶包括三個變質岩帶。

九嶺—鄣公山變質岩帶，分佈於江西北部九嶺—鄣公山地區，地處江南地塊的北部，為江南地塊的隆起部分，呈北東東至東西向展佈，南以萍鄉—廣豐斷裂與南華變質地區分界。地層包

括雙橋山群、宜豐組、張村群，原岩以陸源碎屑岩類、火山碎屑岩類為主夾少量細碧角斑岩，組成九嶺—鄣公山復背斜核部。中元古代末期，經四堡運動，岩石變質形成板岩、千枚岩、變碎屑岩、變沉凝灰岩。變質程度較淺且均一，屬低綠片岩相（板岩—千枚岩型）變質、變質相帶可分出絹雲母—綠泥石帶和黑雲母帶。變質作用類型屬區域低溫動力變質作用，為強應力作用的結果。

宜豐—德興變質岩帶，分佈區域較小，僅見於九嶺—鄣公山的南坡宜豐—德興一帶，屬江南地塊陸緣地區，中元古代晚期火山碎屑岩、濁積岩夾大量細碧角斑岩、石英角斑岩、基性—超基性岩，呈北東東至東西向沿江南地塊南緣帶狀分佈。四堡造山運動時期，受強應力作用發生褶皺變形及變形產生的剪切斷裂引導上升的高地熱流影響，形成區域動熱變質的高綠片岩相變質帶，主要變質岩有千枚岩類、綠片岩類、變基性—超基性岩、變中酸性岩。與九嶺—鄣公山變質岩帶既有區別，又呈逐漸過渡。

廬山—星子變質岩帶，位於江南變質地區的北部邊緣，星子隆起的軸部，東西兩側均受大斷裂控制。變質地層為中元古界雙橋山群，原岩為陸源碎屑沙泥質岩石。經區域褶皺和斷裂的聯合作用，短軸背斜形成控熱的穹窿構造，深部熱流沿大斷裂引導上升，與區域變質同時的花崗岩為熱流來源，應力作用較強，形成區域中壓動力熱流變質作用。變質岩石有千枚岩、片岩、片麻岩。在星子一帶幾十平方公里範圍內形成穹窿狀的熱變質中心，由外向熱中心從低綠片岩相—高綠片岩相—低角閃岩相遞增變質，分黑雲母帶—石榴子石帶—十字石（矽線石）帶三個變質相

帶。為四堡造山作用在不同構造環境下形成的不同變質岩帶。

懷玉山變質地帶

懷玉山變質地帶位於江南變質地區的東南部，即習慣所稱的錢塘江拗陷的一部分。四堡運動後，該區為揚子古陸活動陸緣拗陷海盆，沉積了自元古代至晚古生代的沉積地層，在近五億年的時間裡，除有數次造陸運動外，未有造山運動發生，因而深部晚元古代地層在上部近兩萬餘米的巨厚沉積物的靜壓作用下，形成蓋層深部似埋深變質作用。變質地層主要包括上元古界登山群、翁家嶺組—羅村組、落可崠組，原岩多為陸源碎屑岩、火山碎屑岩、鈣鹼性基性—中性—酸性火山熔岩，但以中性、基性居多，經變質後形成變質火山岩、千枚岩、變碎屑岩，屬低綠片岩相的絹雲母——綠泥石級，為均一的單相變質。變質程度由深部往淺部減變淺，至羅村組以後區域變質已消失。

南華變質地區贛南變質地帶

南華變質地區贛南變質地帶位於江西南部。該區在四堡運動後為江南地塊的邊緣海，海盆中沉積了從晚元古代至奧陶紀的地層。加里東運動時期，在南華地區由於構造環境不同，變質有明顯差異。武夷山地區為江南地塊的前緣島弧帶，構造活動強烈，熱流值高，發生了強烈的變質作用，前進變質明顯，屬區域熱流變質作用。武功山—諸廣山地區為島弧西側的弧後盆地，構造活動不甚強烈，熱流影響較小，變質作用不如武夷山地區，區域變質較均勻，形成以低溫動力變質作用較均勻的低綠片岩相變質。

武夷山變質岩帶

武夷山變質岩帶位於南華加里東褶皺帶的東部，東入福建，

呈北東向展佈，即「華夏古陸」。變質地層以上元古界神山群為主，可能還包括中元古界的一部分，往西向北，分佈有震旦系、寒武系，原岩主要為陸源碎屑岩、火山碎屑岩、基性—超基性岩、中酸性熔岩，岩石變質為千枚岩、片岩、片麻岩、變粒岩、石英岩、大理岩、變基性—超基性岩、變中酸性岩。該帶變質作用有兩種類型，即區域低壓型動熱變質和中壓型動熱變質，前者分佈在武夷山褶皺隆起區，後者分佈在武夷山隆起區西側南城—寧都—信豐斷陷這交接地帶。普遍變質較深，形成穹窿狀、條帶狀的遞增變質帶，即由變質岩向變質中心由低綠片岩相—高綠片岩相—低角閃岩相——高角閃岩相的漸進變質，在變質中心角閃岩相分佈地區出現有混合岩和同構造期的花崗岩。

武功山—諸廣山變質岩帶

武功山—諸廣山變質岩帶位於贛江以西的武功山—諸廣山地區，北接江南變質地區，西延入湖南，南入廣東。變質地層包括上元古界神山群、震旦系及下古生界寒武—奧陶系，原岩為具復理石和類復理石陸源碎屑岩、火山碎屑岩夾少量細碧角斑岩，變質岩主要有千枚岩、變質砂岩夾碳酸鹽岩、石英岩、變沉凝灰岩夾變石英角斑岩、變細碧岩。該帶在局部地區如武功山、南康內潮出現深變質的片岩、片麻岩、變粒岩及角閃岩類。在廣大區域變質較淺，為區域低溫動力變質作用的千枚岩—板岩級低綠片岩相變質，是造山帶強應力作用的產物，伴隨有大量花崗岩和少數混合岩分佈。

三、混合岩

　　江西省區內的混合岩是發育於中元古代以來造山帶島弧和弧後盆地的一種邊緣混合岩，中深變質、構造變形、重熔交代綜合作用形成的一種岩類，是中深度變質區域變質岩和花崗岩之間的過渡性岩石。

　　江西混合岩十分發育，主要分佈於武夷山—雩山地區，贛西南、星子地區只有少量分佈。主要見於中元古代末的四堡期、早古生代的加里東期，晚古生代以後未見有混合岩。

　　混合雜岩類型按混合岩化強弱可分為混合岩化變質岩、混合岩、混合片麻岩、混合花崗岩。混合片麻岩是強烈混合岩化產物，以武夷山地區最為發育。混合花崗岩在各混合雜岩區有同不程度出現，南康裏海、武夷山等地區是混合岩化最強烈的產物，其岩性與岩漿花崗岩酷似。

　　江西省區內混合岩的分佈與產出狀態可分為穹窿型和帶狀型混合岩類。穹窿混合岩型分佈於南康裏海。帶狀型分佈於南城—靈華山、黎川—建寧—廣昌、弋陽—鉛山、會昌—尋烏、金溪、定遠—定南。各混合岩田（或混合岩區）多呈長條形帶狀分佈，面積一般為五百至兩千平方公里，南城—靈華山混合岩田面積較大，約三千五百平方公里。混合岩主要賦存於震旦—寒武系中，少數賦存於中元古代地層中。混合岩主要與區域動力熱流中、低壓相系的角閃岩相有關，並形成穹窿狀或條帶混合中心，圍繞混合中心從外向內形成由淺至深的遞增變質帶。混合岩一般都分佈於花崗岩一側，花崗岩主要為偏中性的斜長花崗岩或花崗岩閃長

岩、英雲閃長岩。混合岩與圍岩或呈漸變關係，或呈突變接觸。

第四節 ▶ 礦產資源

江西省礦產資源豐富，種類較多，有金屬礦產、非金屬礦產、燃料礦產、地下水及礦泉水等四類。截至一九九二年底，共發現各種有用礦產一百五十八種（以亞礦種統計），其中有工業儲量的九十五種，金屬礦產四十六種，非金屬礦產四十二種，燃料礦產四種，水礦產三種。探明保有礦產儲量居全國前五位的有三十五個礦種，其中居第一位的有銅、銀、鉭、鈮、銫、伴生硫、化工用白雲岩、滑石、粉石英等九種，居第二位的有鎢、金、鉈、碲、冶金用白雲岩、矽灰石、透閃石、水泥配料用頁岩、海泡石貼土、飾面板岩等十種，居第三位的有鉍、化肥用灰岩、高嶺土、建築用大理石、玻璃用砂等五種。

一、江西礦產資源特點

礦產種類多，優勢明顯，分片集中

江西有工業開採價值的九十五種礦產分屬金屬、非金屬、燃料、水四大類，同時受地質構造的控制，各種礦產在地理分佈上形成各具特色的資源集中區。在贛北地區主要有銅、硫、錫、銻、螢石和水泥灰岩等礦產，贛南地區主要有鎢、稀土、錫、鉍等礦產，贛東地區有銀、金、銅、鉛、鋅、磷、蛇紋岩、瓷土、膨潤土、海泡石和水泥灰岩等礦產，贛中和贛西地區主要有煤、鐵、鉭、岩鹽、粉石英、矽灰石、石膏等礦產，特別是有些礦產

如銅、鎢、稀土、鉭鈮、鉛鋅等礦產百分之七十至百分之八十以上的儲量集中在少數幾個礦區或一二個礦區內。江西銅、鎢等有色金屬儲量在全國範圍內處於領先地位，同時在省內又集中分佈，因此有色金屬成為江西省傳統的優勢礦產資源，建成一批國家級的骨幹礦山。全省已探明的礦床中，單一礦種的產地不多，特別是金屬礦產，主要以伴生礦的形式存在。

工業配套程度高，綜合開發利用經濟價值高

江西的這種礦產資源結構有利於資源的充分開發和利用。如在有色金屬礦產方面，銅礦的大規模開發，能帶動硫酸工業的發展，為磷、蛇紋石等礦產的開採和就地深加工創造條件，同時對銅礦中伴生的其他礦產品進行採選和順帶回收，增加了礦產品品種、數量，提高了企業勞動生產率和投資經濟效益。在鋼鐵、建材、化工耗能大的工礦業方面，需要煤炭資源做後盾，同時這些工礦業的建設與發展，又為省內被認為開採不經濟的薄煤層轉化成為經濟資源。岩鹽的開採除滿足食用外，可不斷拓寬化工工業的發展，解決玻璃、綜合化工業用鹼、用鈉之缺。石灰岩的廣泛分佈使各類水泥企業在全省各地星羅棋布，促進了縣鄉工業的發展。

貴金屬、稀土以及放射性礦產前景良好，但大宗用量的重要礦產儲量不足

全省金礦的保有儲量、銀礦和稀土礦的探明儲量均居全國第一，但煤、石油、鐵等大宗用量的重要礦產在江西省缺乏形成超大型、大型和富礦的典型地質條件。

二、主要礦產資源分佈

鐵，江西省鐵礦儲量約六萬三千一百五十點四萬噸礦石，在全國各省（市、區）排序居第十七位，其中工業儲量比例約為百分之五十三點三。主要鐵礦集中分佈於贛西地區，沿浙贛鐵路和分宜至文竹鐵路兩側展佈，已建成的鐵礦山主要有良山、鐵坑、七寶山、烏石山、上株嶺、銅嶺等。江西的鐵礦石目前還不能完全自給。

錳，江西省錳礦儲量約三百六十七點一萬噸礦石，在全國各省（市、區）排序居第十三位，其中工業儲量比例約為百分之七十二點五。主要產地為樂平花亭。

銅，江西省銅礦儲量約一千三百五十八點五二萬噸金屬，在全國各省（市、區）排序居第一位，其中工業儲量比例約為百分之六十四點五。主要銅礦床分佈在江西北部，分屬長江中下游成礦帶和贛中成礦帶，已建成的銅礦山主要有德興（銅廠）、永平、武山、東鄉（楓林）、富家塢、弋陽（鐵砂街）、九江（丁家山）、上饒（船坑）等。

鉛、鋅，江西省鉛礦儲量約兩百四十五點六萬噸金屬，在全國各省（市、區）排序居第六位，其中工業儲量比例約為百分之十五點五。鋅礦儲量約三百五十一萬噸金屬，在全國各省（市、區）排序居第八位，其中工業儲量比例約為百分之十六點二。江西鉛鋅礦集中分佈於贛東北，已建成的礦山主要有銀山、寶山、安遠（磺肚山）等，此外在安福潛坑、興國畫眉坳等鎢礦山在採選鎢礦過程中綜合回收鉛、鋅。

　　鈷，江西省鈷礦儲量約〇點三三萬噸金屬，在全國各省（市、區）排序居第十七位，其中工業儲量比例約為百分之九十六點一。主要產地為上高七寶山、萍鄉三山，瑞昌武山銅礦中有伴生鈷礦。

　　鎢，江西省鎢礦儲量約一百三十三點六三萬噸氧化鎢，在全國各省（市、區）排序居第二位，其中工業儲量比例約為百分之四十三點二。主要分佈於南嶺（贛南段）、武功山和九嶺山，已建成的鎢礦山主要有大吉山、巋美山、西華山、蕩坪、漂塘、下壟、盤古山、鐵山壟、畫眉坳、小龍、滸坑等。

　　錫，江西省錫礦儲量約二十七點一萬噸金屬，在全國各省（市、區）排序居第六位，其中工業儲量比例約為百分之七十六。主要分佈於南嶺（贛南段）鎢錫成礦帶，主要礦山有會昌岩背、石城松嶺和德安曾家壟等。

　　鉍，江西省鉍礦儲量約五點四三萬噸金屬，在全國各省（市、區）排序居第三位，其中工業儲量比例約為百分之二十九點二。江西鉍礦均伴生於鎢、鉬礦中。

　　鉬，江西省鉬礦儲量約三十六點九萬噸金屬，在全國各省（市、區）排序居第六位，其中工業儲量比例約為百分之六十四點八。江西鉬礦多數與銅、鎢共生或伴生。

　　鈮、鉭，江西省鈮礦儲量約三點九五萬噸氧化物，在全國各省（市、區）排序居第四位，其中工業儲量比例約為百分之五十。江西省鉭礦儲量約二點二萬噸氧化物，在全國各省（市、區）排序居第一位，其中工業儲量比例約為百分之八十二點一。主要分佈於構造隆起帶內，主要礦山有宜春414、橫峰黃山等。

煤，江西省煤礦儲量約十三點九億噸礦石，在全國各省（市、區）排序居第二十二位，其中工業儲量比例約為百分之七十一。主要分佈在西起萍鄉市以東至樂平縣一帶的浙贛鐵路沿線兩側，主要礦山有萍鄉的安源、高坑、青山、巨源、楊橋和白源，豐城的豐城、洛市，樂平的鳴山、橋頭丘、湧山、鐘家山、仙槎、沿溝，高安的英崗嶺、八景、新華等。

　　硫鐵礦，江西省硫鐵礦儲量約二點〇三億噸礦石，伴生硫鐵礦儲量約〇點九六億噸石礦，在全國各省（市、區）排序分別居第八位和第一位，其中工業儲量比例分別約為百分之三十八點六和百分之二十七。江西開採單一硫鐵礦有寧都硫磺礦、豐城莊下硫鐵礦、安遠硫磺礦、武夷山硫鐵礦等。回收硫精礦的有色金屬礦山有九江銅礦（丁家山）、武山銅礦、水平銅礦、弋陽銅礦（鐵砂街）、德興銅礦（銅廠）、東鄉銅礦（楓林）和洋雞山金礦、畫眉坳鎢礦等。

　　磷，江西省磷礦儲量約一點一八億噸礦石，在全國各省（市、區）排序居第十三位，其中工業儲量比例約為百分之六十七點九。主要礦山有上饒朝陽、廣豐前村、廣豐大南等。

　　岩鹽，江西省岩鹽礦儲量約一百一十五點五億噸氯化鈉，在全國各省（市、區）排序居第四位，其中工業儲量比例約為百分之八十九點二。主要礦山有會昌周田、樟樹清江等。

　　瓷土，江西省瓷土礦儲量約〇點八七九億噸礦石，在全國各省（市、區）排序居第三位，其中工業儲量比例約為百分之三十九點九。

　　粉石英，江西省粉石英礦儲量約〇點七一億噸礦石，在全國

各省（市、區）排序居第一位，其中工業儲量比例約為百分之八十三點七。江西省粉石英分佈於萍鄉—宜春礦帶和安福礦帶，主要礦山有宜春麥田、萍鄉荷家塘等。

滑石，江西省滑石礦儲量約〇點七四億噸礦石，在全國各省（市、區）排序居第一位，其中工業儲量比例約為百分之三十四點二。江西省滑石礦主要為含炭黑滑石，礦石除炭成本太高，白色滑石幾乎全部從外地購進。

矽灰岩，江西省矽灰岩礦儲量約〇點一二億噸礦石，在全國各省（市、區）排序居第二位，其中工業儲量比例約為百分之四十三點九。主要礦山有新余曹坊廟、上高月光山等。

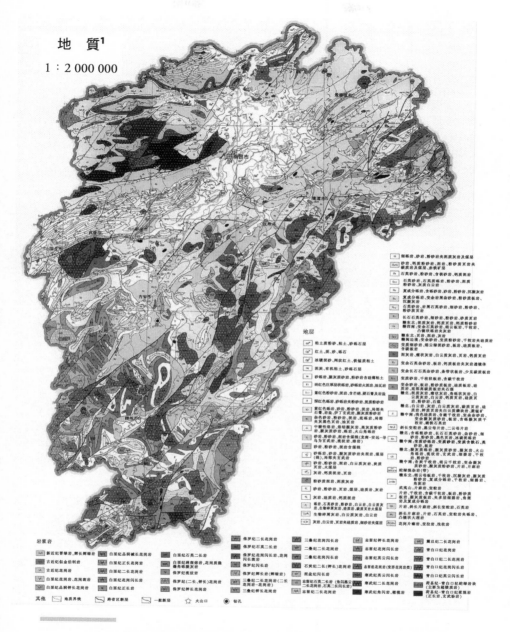

地質[1]

1：2 000 000

1 《江西省地圖集》編纂委員會編：《江西省地圖集》，國地圖出版社，
2008 年版，第 24 頁。

地貌

　　江西省疆域輪廓略呈倒梯形，南北長，東西窄。省境北部較為平坦，東西南部三面環山，中部丘陵起伏。源起周邊山地的河流，向心狀匯入鄱陽湖，形成一個完整的鄱陽湖水系。全省成為一個整體向鄱陽湖傾斜而往北開口的巨大盆地。

地形鳥瞰[1]

1　引自《江西省地圖集》，第9頁。

第一節 ▶ 江西省地貌基本格局

江西省為江南丘陵區的組成部分。省境內東、西、南三面邊境峰嶺高聳，層巒疊嶂，中南部丘陵起伏，盆嶺相間，北部平原河湖交織，是一個以山地丘陵為主的省。全省南高北低，周高中低，從南往北由周邊向中間傾斜，形成以鄱陽湖為底部的向北敞開的大盆地。以鄱陽湖為中心，向東、西、南方向依次為平原—丘陵—山地。山地、丘陵和盆地多呈北東向（或北北東向）間隔排列，大小河川流經山丘平原呈輻合狀匯入鄱陽湖。

一、省區邊境山地

江西省區邊境山地主要有武夷山脈、大庾嶺和九連山、羅霄山脈、九嶺和幕阜山、懷玉山和鄣公山等，分別分佈在省境邊界，形成與鄰省的天然省際界線與水系分水嶺，其中的關隘成為省際交往的要道。這些山地大都呈北東或北北東走向，山脊線與構造線大體吻合，嶺谷相間，脈絡清晰，只有南部的大庾嶺和西部的諸廣山等構造較為紊亂。這些山脈的山體大都由變質岩系構成，核心部位常有侵入岩體，形成海拔千米以上的崇山峻嶺。

武夷山

武夷山又名虎夷山。介於江西的廣豐、上饒、鉛山、貴溪、黎川、南豐、廣昌、石城、瑞金、會昌、尋烏與福建的浦城、崇安、光澤、邵武、寧化、長汀、上杭等縣市之間。山體呈北北東向分佈於贛閩邊境，東北接浙贛間的仙霞嶺，西南至贛粵邊的九連山，南北長五百五十公里，是江西省最長的山脈。

武夷山脈主峰為鉛山與崇安交界的黃崗山，海拔兩千一百五十八米，是江西第一高峰，也是中國東南部最高峰。武夷山脈山勢高峻，有許多海拔千米以上的山峰。

武夷山脈主要山峰

山峰名	所處縣市	海拔（米）	山峰名	所處縣市	海拔（米）
黃崗山	鉛山、崇安	2158	荷樹嶺	貴溪、光澤	1287
獨豎山	鉛山	2129	煙山	鉛山、貴溪、弋陽	1272
銅鈸山	廣豐、崇安	1935	天華山金頂	瑞金、長汀、石城	1267
五府崗	上饒、鉛山	1891	仙人石	鉛山、貴溪	1262
過風坳	鉛山、崇安、光澤	1887	三仙岩	黎川、建寧	1254
陽際坑	貴溪	1541	牛牯崠	廣昌、石城、寧化	1252
項山甑	尋烏、平遠	1530	墅雞頂	資溪、光澤	1233
楊家嶺	黎川、泰寧	1513	出雲峰	資溪、金溪	1223
十八尖	上饒、崇安	1509	牛皮灘	黎川、光澤	1202
東路山	鉛山、崇安	1425	月峰山	資溪	1173
雞公崠	石城、長汀、寧華	1390	東華山	石城、寧化	1149
天華山	貴溪	1389	筆架山	武平、尋烏	1112
田坑後	上饒、廣豐	1380	大竹山	資溪	1108
尖峰頂	鉛山、光澤	1375	東門腦崠	武平、會昌	1102
鶴東峰	資溪、光澤	1364	石水牛	瑞金、長汀	1053

續上表

山峰名	所處縣	市海拔（米）	山峰名	所處縣市	海拔（米）
筆架山南峰	貴溪、金溪	1363	九頭峰	武平、會昌	1037
會仙峰	黎川	1356	龍鬚嵊	武平、會昌	1034
亂羅嶂	尋烏	1348	打鼓寨	廣昌、建寧	1027
卡子崗	鉛山、貴溪	1329			

　　武夷山脈發育於武夷山褶皺帶中的武夷山隆起之上。武夷山脈山體主要由變質岩構成，有許多時代的花崗岩等侵入岩體。武夷山脈北段走向近乎東西，向南逐漸轉為北東東——北東——北北東向，南段走向大致南北。早古生代，武夷山區的地殼活動逐步強烈，距今四億年左右的加里東造山運動使武夷大地的沉積岩發生褶皺和斷裂，並伴有岩漿岩侵入，武夷大地以複式背斜隆起，形成武夷山脈雛型。距今兩億年前的印支運動期間，武夷山體繼續抬升，在山體的東西兩側發生較大規模的斷層。距今七千萬年前的燕山運動繼續使山體中部上升。喜馬拉雅運動使武夷山脈整體及其兩側的盆地均緩慢上升。而後在溫暖多雨的氣候下，經流水侵蝕，武夷山逐漸形成今日的地貌景象。武夷山脈的北段相對於南段海拔較高，許多山峰大都在一千五百米以上，中段山峰一般在一千二至一千四米之間，南段海拔較低，但也有一些海拔千米以上山峰。武夷山東西兩坡呈明顯不對稱，東坡坡度較緩，西坡坡度較陡，東坡一列列山嶺逐步降低至低矮丘陵，西坡一些山嶺從河谷平原拔地而起。山脈以東山高谷深，呈現出少年

期地貌，山脈以西盆地廣佈，表現為壯年期地貌。

　　武夷山是贛閩間的天然屏障，穿越非常困難。在武夷山中有許多埡口，這些埡口有的是斷裂陷落形成的峽谷，有的是流水侵蝕形成的谷地。這些埡口是連接兩地的交通要道，自古以來都是兵家必爭之地，今天的公路、鐵路也是通過這些埡口。

武夷山脈主要埡口

埡口	所處縣市	埡口	所處縣市
古城關	瑞金、長汀	鐵牛關	資溪、光澤
碾頭隘	古城、寧化	火燒關	貴溪、光澤
甘家隘	廣昌、建寧	雲際關	鉛山、光澤
百丈隘	南豐、建寧	桐木關、分水關和溫林關	鉛山、崇安
德勝關	黎川、泰寧	宿陽關	上饒、崇安
杉關	黎川、光澤	二度關	廣豐、浦城

　　武夷山是江西信江、盱江、貢水、琴江與福建閩江、汀江的分水嶺。閩江的源頭—建溪、富屯溪、沙溪和汀江等發源於武夷山東坡，東向入海。江西信江支流、盱江和贛江上源的琴江、貢水等源出於武夷山西坡，經鄱陽湖入長江，屬長江水系。這些河流的源頭往往近在咫尺，如閩江源頭建溪次支流九曲溪發源於桐木關斷裂谷，與信江次支流桐木水，源頭相距不足三公里。

大庾嶺與九連山

　　大庾嶺與九連山是南嶺山脈的東段分支，是贛粵兩省的天然省界，是贛江與北江、東江的分水嶺，我國南部重要的地理分界

線。

　　大庾嶺為南嶺「五嶺」之一，因山中多梅花，又稱梅嶺。介於江西的大庾、信豐、崇義、虔南和廣東的仁化、南雄之間。山體大體呈北東—南西向，分兩支伸展：東支沿大庾南的贛粵邊綿延，經信豐後折向東南，入虔南與九連山銜接；西支由崇義、大庾向西南延展，在湘粵邊與諸廣山斜交。

　　大庾嶺發育於雩山—九連山隆起西南端，主要由變質岩構成，並有大量閃長岩、花崗岩等侵入，山體較為破碎。大庾嶺盛產鎢等有色金屬，被譽為「鎢都」。大庾嶺多數地區海拔在六百至八百米之間，有些山峰海拔達千米。

大庾嶺主要山峰

山峰名	所處縣市	海拔（米）	山峰名	所處縣市	海拔（米）
范水山	崇義、仁化、汝城	1560	齋庵嶺	大庾	1191
天華山	大庾、崇義	1384	山牛塘	大庾	1133
南山	大庾、仁化	1302	海螺崗	大庾	1120
云山	大庾、崇義	1276	帽子峰	大庾	1058
月光背	大庾	1202	油山	崇義、大庾	1072

　　大庾嶺的小梅關、池江谷地自古是連接嶺南與嶺北的交通要道，也是現今溝通贛粵的公路、鐵路所經之地。

　　九連山綿延於江西的虔南、龍南、定南、定遠、尋烏與廣東的翁源、連平、和平等地之間。山體大致為北東—北北東走向，

分三支延展：東支綿延於和平、尋烏、安遠等縣，東延與武夷山脈相連；中支延展於定南、連平、和平之間，北至于都與雩山相接；西支蜿蜒於翁源、虔南、龍南之間，向西接大庾嶺。

九連山發育於羅霄—雩山褶皺帶中的雩山—九連山隆起區南段，山體以變質岩為主，有大量的侵入岩類，盛產鎢、鉬等有色金屬。

九連山主要山峰

山峰名	所處縣	市海拔（米）	山峰名	所處縣市	海拔（米）
基隆（雞籠）嶂	尋烏	1445	登高（扁美）山	定南、龍南	1063
黃牛石	龍南、連平	1430	仙人嶂	龍南、連平	1036
大湖崠	尋烏	1379	桂龍嶂	尋烏、定南	1027
盤古山	于都	1312	大虎山	安遠、信豐	1016
十二排	尋烏、安遠	1163	金門山	龍南、虔南	994
雞啼石	龍南、連平	1149	大角嵊	龍南、連平	994
飯池嶂	虔南、始興	1145	大帽山	虔南、翁源	986
梅子山	尋烏、安遠	1115	石灰山	龍南、虔南	972
雪峰山	虔南、始興	1114	院秀崠	安遠、信豐	954
九龍嶂	安遠	1099	金公嶂	安遠、信豐	925
烏梅山	虔南、始興	1088	三埂腦	定南、和平	918

羅霄山脈

羅霄山脈是挺立於贛湘邊界的武功山、萬洋山、諸廣山的統稱，山體大致為北北東—南南西走向，海拔多在千米以上。

武功山又名武公山，屬羅霄山脈北段。山體呈北東東—北東向，西起湖南茶陵、攸縣交界的楊柳山、岩公山，東至清江、豐城、新幹間的玉華山，綿延二百九十公里，面積七千平方公里。武功山發育於羅霄—雪山褶皺帶中的武功山—玉華山隆起區。距今四億四千萬年前，武功山是東西長一五〇公里的伸入被稱為「贛湘島海」的海區中的一個半島，後隨海區的隆起而成為山地。山體主要由變質岩和侵入岩組成。

武功山主要山峰

山峰名	所處縣市	海拔（米）	山峰名	所處縣市	海拔（米）
白鶴峰（金頂、葛仙峰）	萍鄉、安福	1918	玉華山	樟樹、新幹、豐城	1169
太平山	宜春	1736	婆婆岩	萍鄉、攸縣	1161
楊角尖	萍鄉	1346	棋盤石	萍鄉、蓮花	1157
石門山	蓮花、永新、安福	1301	九龍山	萍鄉、安福	1099
高天岩	蓮花、安福	1275			

萬洋山屬羅霄山脈中段，山體呈北北東向，大致北起永新，南至伸展至湖南桂東的八面山，延佈於永新、寧岡、井岡山、遂川、萬安及湖南的炎陵、桂東等縣市之間。萬洋山發育於羅霄—雪山褶皺帶內的萬洋—諸廣複式向斜之中，山體主要以變質岩加侵入岩組成。

萬洋山主要山峰

山峰名	所處縣市	海拔（米）	山峰名	所處縣市	海拔（米）
南風屏（南風面）	遂川、炎陵	2120	雙馬石	井岡山、炎陵	1286
江西坳	井岡山、炎陵	1833	猴裡	永新	1252
五指峰	井岡山	1586 萬年山	永新	1176	
金獅面	井岡山、永新	1560	荷樹坡	蓮花、茶陵	1148
八面山	井岡山、寧岡、炎陵	1483	石壟	井岡山、遂川	1045
石峰仙	寧岡、茶陵	1344	桐木嶺	井岡山	866
黃洋界	井岡山、寧岡	1343			

萬洋山北端的井岡山是中國第一個革命根據地，這裡山高谷深，地形險峻，植被茂密，軍事上進可攻，退可守。黃洋界、八面山、雙馬石、硃砂沖、桐木嶺等五大哨口是進入井岡山中心茨坪的重要山中隘道，有一夫當關，萬夫莫開之險。

諸廣山為羅霄山脈南段，山體呈北北東向，伸展於遂川、崇義、上猶及湖南的桂東、汝城等地之間。諸廣山發育於羅霄—雩山褶皺帶中的萬洋—諸廣複式向斜段，山體由變質岩和侵入岩構成。

諸廣山主要山峰

山峰名	所處縣市	海拔（米）	山峰名	所處縣市	海拔（米）
齊雲山（諸廣山）	崇義、桂東	2061	轎子頂	上猶、遂川	1423
五指峰	上猶、遂川	1608	牛鼻岩	遂川、上猶	1279
猴古腦	崇義、桂東、汝城	1579	斗笠腦	遂川、南康	1022

九嶺與幕阜山

　　九嶺與幕阜山呈北東向南北平行對峙，綿延於贛西北。九嶺山在南，為修河與綿江的分水嶺。幕阜山居北，為贛鄂屏障，西延入湘。

　　九嶺山山體為北東南西走向，分佈於永修、安義、新建、灣裡、奉新、靖安、武寧、宜豐、萬載、修水、銅鼓及湖南瀏陽之間。九嶺發育於九嶺—郢公山塊體西南的九嶺隆起區之上，山體以中元古代的變質岩為主，有大量侵入岩侵入。

九嶺主要山峰

山峰名	所處縣市	海拔（米）	山峰名	所處縣市	海拔（米）
九嶺尖	靖安、武寧	1794	呂陽斗	修水	1156
獅子岩	靖安、武寧	1730	土龍山	修水	1080
犁頭尖	靖安、武寧	1723	大龍山	修水、銅鼓	1155
七星嶺	銅鼓、瀏陽	1608	操場	修水、銅鼓	1096
武寧岩	武寧、靖安	1547	鷹咀岩	武寧	1131

續上表

山峰名	所處縣市	海拔（米）	山峰名	所處縣市	海拔（米）
白基子	靖安、武寧	1522	筆架山	武寧	1082
五梅山	修水、奉新	1516	風車口	靖安、武寧	1119
黃崗山	銅鼓、宜豐	1486	毛竹山	靖安、修水	1044
石花尖	銅鼓、宜豐	1445	青洞山	宜豐、銅鼓	1038
九龍尖	修水、奉新、宜豐	1420	雙丫岩	宜豐	1032
仙姑崠	銅鼓、宜豐、萬載	1404	四方尖	銅鼓	1032
格子坪	靖安、武寧	1344	姚家崠	銅鼓	1029
泥洋山	靖安、奉新	1333	雲峰壇	宜豐、奉新	1028
青草	靖安	1283	紅岩尖	武寧、修水	1005
越山	奉新	1260	蒙山	上高、新余	1004
黃皮尖	萬載	1182	雲居山	永修	863
銀子坪	武寧	1166	西山	灣裡	841

　　永修的雲居山和灣裡的西山，位於九嶺東延的餘脈上，距南昌市較近，海拔雖不太高，但夏季相對鄱陽湖平原則相對涼爽宜人，是大自然給予南昌市民就近避暑的禮物。

　　幕阜山山體呈北東—南西走向，延佈於九江、瑞昌、德安、武寧、修水與湖南的平江、湖北的通城、通山、陽新之間。幕阜山發育於九嶺—部公山塊體中的幕阜—九宮山—星子隆起區之上。山體由變質岩和侵入岩構成。幕阜山整體高度不如九嶺。

幕阜山主要山峰

山峰名	所處縣市	海拔（米）	山峰名	所處縣市	海拔（米）
老鴉尖	武寧、通山	1657	桃峰山	修水	1139
黃龍山	修水、平江、通城	1511	飯蘿尖	修水、崇陽	1069
四面山	武寧、通山	1447	雷峰尖	修水	983
牽牛笠	武寧	1344	巴茅尖	修水	944
天湖山	修水、崇陽	1239	青山	瑞昌	921
余洞山	武寧	1215			

　　廬山，位於幕阜山東延餘脈上，主峰大漢陽峰，海拔一四七四米。廬山東偎鄱陽湖，北枕滔滔長江，襟江帶湖平地突起，大江、大湖、大山渾然一體，雄奇險秀，剛柔並濟，中華民族源遠流長的歷史和數千年博大精深的文化孕育了廬山無比豐厚的內涵，被列入世界文化遺產，是世界級名山。

懷玉山與鄣公山

　　懷玉山與鄣公山兩山平行分列南北，綿延於江西東北部，懷玉山在東南，鄣公山居西北。

　　懷玉山，又名輝山、玉斗山、干越山。懷玉山走向為北東南西，東北與浙江的天目山相連，向西南延入餘江縣，長約一百五十公里，展佈於婺源、餘江等縣間，是鄱陽湖水系與錢塘江水系的分水嶺。懷玉山發育於江南地塊的官帽山塊體之上，以變質岩和侵入岩構成。岩漿侵入和圍岩變質的相互影響，使懷玉山區的銅、鉛、鋅、金、銀等礦產蘊藏量大，德興銅礦特別著稱。懷玉

山斷層節理發育，形成奇特的鋸齒狀峰林地貌，造就了三清山風景區的奇峰異景。懷玉山山勢不高，少量較高海拔山峰，其餘為低山丘陵。

懷玉山主要山峰

山峰名	所處縣市	海拔（米）	山峰名	所處縣市	海拔（米）
玉京峰	玉山、德興	1817	銀礦坳	玉山、德興、上饒	1325
雲蓋峰	玉山	1538	坪林尖	玉山、德興	1287
四角坪	上饒、德興	1480	太甲山	玉山	976
靈山	上饒	1474	大王尖	弋陽、橫峰	959
大茅山	德興	1393	歷居山	樂平	789
美屏尖（米頭尖）	德興、橫峰	1367			

　　鄣公山是黃山西南延伸的支脈，山體呈北東—南西向，北起黃山，經安徽祁門，入江西境內延展於浮梁、景德鎮、婺源、德興、樂平、波陽等縣市間。該山發育於九嶺—鄣公山塊體的鄣公山隆起區之上，由變質岩和少量侵入岩構成，盛產高嶺土。鄣公山地勢較低，以低山丘陵為主。

鄱公山主要山峰

山峰名	所處縣市	海拔（米）	山峰名	所處縣市	海拔（米）
擂鼓尖	婺源、休寧	1630	轎頂山	浮梁	842
五股尖	婺源、浮梁、休寧	1618	雷打石	浮梁、波陽	746
雞冠石	浮梁、東至、祁門	1063	天河山	浮梁、波陽	712
三花尖	婺源、景德鎮	1057	牛角嶺	景德鎮、浮梁	647
八字腦	浮梁	870	黃字型	浮梁	644

二、省區中南部丘陵

　　江西省區中南部丘陵位於鄱陽湖平原東南緣與武夷山、九連山、大庾嶺、羅霄山脈等山地內側之間，是山地與平原的過渡地帶。大致包括樟樹、東鄉、臨川、崇仁、宜黃、南城、南豐、永豐、安福、永新、萬安、泰和、吉安、峽江、吉水、新幹、會昌、樂安、瑞金、寧都、于都、安遠、龍南、信豐、南康、贛縣、贛州、興國等縣市的全境或部分區域，面積達七萬多平方公里，約占全省土地總面積的百分之四十二。區內岩性複雜多樣，由於岩性軟硬有別，抗蝕能力有異，從而形成了較多的地貌類型，如崗地、低丘、高丘、中低山等。由於該區地表覆蓋著紅色岩系，故被稱為紅色丘陵。中南部丘陵中有不少風景區，如贛州的通天岩、寧都的翠微峰、南豐的戈廉石、南城的麻姑山等，均為赤壁奇峰的丹霞地貌。

雩山山脈呈北北東—南南西向南北縱列於中南部丘陵。雩山山脈山體發育於羅霄—雩山褶皺帶中的雩山—九連山隆起區北段，由變質岩和侵入岩構成。雩山山脈山勢峻峭。

雩山主要山峰

山峰名	所處縣市	海拔（米）	山峰名	所處縣市	海拔（米）
軍峰山	宜黃、南豐	1761	水鴨崠	贛縣	1185
魚牙嶂	宜黃	1468	十八排	泰和、興國	1176
靈華山	永豐、寧都	1455	芙蓉山	臨川、南城、宜黃	1176
十八排	宜黃、樂安	1370	天湖山	泰和、萬安	1152
鴨公嶂	樂安	1346	古王山	寧都、樂安	1148
大龍山	宜黃、樂安、寧都	1326	雲峰嶂	興國、于都	1082
王陂峰	宜黃、寧都	1267	鍋頭嶂	贛縣、于都	1079
相山	樂安、崇仁	1219	九萬高	興國	1006
大烏山	興國、吉安	1204	猴子面	于都、贛縣	1002
寶華山	寧都、興國	1157			

在中南部丘陵中，在多列的山地或丘陵間散佈著大小不等的盆地或谷地，一起呈北東或北北東向排列。相對較大的盆地有吉泰盆地，面積4500平方公里；清江盆地，面積3600平方公里；宜黃盆地，面積2880平方公里；贛州盆地，面積1570平方公里；南豐盆地，面積1230平方公里；信豐盆地，面積700平方公里；瑞金盆地，面積670平方公里；會昌盆地，面積640平方

公里；永新盆地，面積 520 平方公里；于都盆地，面積 500 平方公里；寧都盆地，面積 300 平方公里等。這些盆地海拔多在 100米以下，水網交錯，物產富饒，人口密集，經濟發達。

三、鄱陽湖平原

鄱陽湖平原地處長江中下游南岸，江西省北部，是江西省第一大平原，與江漢平原、洞庭湖平原合稱為長江中游三大平原。大致北起長江，南達樟樹、臨川，東至樂平、萬年，西達安義、高安，包括了二十五個行政區域，總面積約三點八五萬平方公里，其中純屬平原地貌類型的面積為一萬二千六百三十六平方公里。鄱陽湖平原絕大部分平原集中在鄱陽湖沿岸的南昌、新建、進賢、餘干、波陽、都昌、湖口、星子、德安、永修和九江市廬山區等十一個縣市區，小部分平原分支伸入臨川、樟樹、樂平、安義、豐城、高安等縣市。

鄱陽湖平原是由長江和贛江、撫河、信江、饒河、修水等五條河流的泥沙沉積而成的沖積淤積平原，以鄱陽湖為中心。包括了河谷平原和濱湖平原兩部分，河谷平原由省境內的長江段及五河下游沖積形成的谷地平原和心洲平原組成，沿江河呈長條帶狀分佈，濱湖平原由五河入湖尾閭三角洲平原和濱湖湖沼平原組成。河谷平原是鄱陽湖平原的主要組成部分，約為九千六百〇三平方公里，占了鄱陽湖平原面積的百分之七十六，濱湖平原面積約為三千〇三十三平方公里，占總面積的百分之二十四。濱湖平原主要集中分佈於鄱陽湖南岸，區域內河汊縱橫，水網密佈，地勢低平。

從整體來看，鄱陽湖平原海拔高程、相對高差和地面坡度均較小，具備了平原地貌的基本特徵。從局部來看，河谷平原和濱湖平原均有向河流湖泊傾斜下降之勢，且大量的圩堤、崗地、殘丘存在於平地之上。這使鄱陽湖平原呈現出全局平而局部不平的狀態，即「大平小不平」。人類活動導致的生態環境演變，使大量泥砂淤積於鄱陽湖，導致湖泊面積逐漸減小，河床日益提高。圍湖造田，使大片湖區也變成了平原圩田。

鄱陽湖平原上河網稠密，小湖泊眾多，稻田、菜地、魚池、蓮塘縱橫交錯，農業生產所必須的土壤、氣候、水條件優越，是江西省的糧倉和淡水漁業基地。

四、河流

江西共有大小河流二千四百多條，總長度約為一萬八千四百公里，其中流域面積大於兩百平方公里的有二百五十條。這些河流中，北部部分河流直接注入長江，東北部少數河流流入錢塘江水系，東南部少數河流流入韓江和珠江水系，西部少數河流流入湘江水系，其餘河流均匯入鄱陽湖再轉流長江，構成一個完整的鄱陽湖水系。鄱陽湖水系流域部總面積一六二二二五平方公里，在江西省境內的為一萬五千七百〇八十六平方公里，占全省總面積的百分之九十七點二。全省有五條主要河流，贛江、撫河、信江、饒河和修水，均發源於邊緣山地，流經丘陵、平原，再匯入鄱陽湖。

贛江，鄱陽湖水系第一大河，就水量而言是長江第二大支流。贛江發源於武夷山脈南段石城縣石寮峽，流貫全省南北，全

長七百六十六公里，流域面積八萬兩千一百八十二平方公里，占江西省面積的百分之五，流域內人口占全省人口一半以上。贛江以萬安、新幹為界，分為上游、中游、下游三段。萬安以上，山嶺縱橫，支流眾多，主要有桃江、濂江、湘水、綿水、梅江、平江、上猶江等，呈扇形分佈，分別納入貢水和章水。章、貢兩水於贛州匯合後，始稱贛江。贛州以下，由於河流割切，遂由山地進入變質岩和花崗岩構成的峽谷段，灘多流急，有著名的萬安十八灘。萬安以下，贛江流經吉泰盆地，江面漸寬、水勢漸緩、東西兩岸均有較大支流匯入，主要有遂川江、蜀水、瀧江、禾水、恩江等。在峽江附近穿越武功山餘脈，兩岸群峰疊嶂，形成峽谷帶，峽江因此而得名。新幹以下進入下游，地勢平坦、水流平緩，江面開闊，至樟樹鎮有袁水來匯。贛江越樟樹鎮北流至市汊街附近，又有發源於宜春山區的錦江，經萬載、上高、高安、新建、豐城縣境匯入。贛江在南昌縣以北，進入尾閭地區，江流分歧為幹流（西支）及南、中、北支分別注入鄱陽湖。

撫河，上游（撫州以上）又稱盱江。發源於武夷山脈西麓廣昌縣驛前鄉的血木嶺，納廣昌、南豐、南城、金溪、撫州、臨川、進賢、南昌等地支流後匯入鄱陽湖。全長三百四十九公里，流域面積一萬七千一百八十六萬平方公里。一般稱主支盱江為上游，其間自南城至撫州有疏山、廖坊兩處火成岩壩段，以下為逐步開展的平原或丘陵；撫州以下為下游，兩岸為沖積台地，田疇廣闊。過柴埠口，撫河進入贛撫平原。過臨川王家洲後，撫河分為兩支：一支從南昌城區注入贛江；一支自八字腦注入鄱陽湖。後經贛撫平原工程整治，主流改道在南昌縣茌港由青嵐湖入鄱陽

湖。

信江，亦稱上饒江、上饒水。發源於浙贛兩省交界的懷玉山區的玉山大崗。幹流自東向西，先後流經廣豐、上饒、鉛山、橫峰、弋陽、貴溪、鷹潭、余江、余乾等縣市，收納了豐溪、瀘溪河、鉛山河、湖坊河、葛溪、羅塘河、白塔河等支流。河流全長三百五十六公里，流域面積一萬六千八百九十平方公里。在餘干大溪渡分為兩支：西支稱西大河，在餘干瑞洪與贛江南支、撫河匯合注入鄱陽湖；北支稱東大河，在波陽境內與饒河匯合注入鄱江。信江上游沿岸一帶以中低山為主，中游為信江盆地，下游為鄱陽湖沖積平原。

饒河，又稱鄱江、長港，為樂安河與昌江的合稱。饒河有南北二支，北支昌江源出自安徽省祁門縣大洪嶺，南流折向西南流，進入江西省境內後，始名昌江，經浮梁、景德鎮、鄱陽等縣市。昌江全長兩百五十三千米，流域面積六千兩百六十平方公里。昌江中上游流經山區，下游橫貫鄱陽湖平原。匯入的主要支流有瀝水河、北河、東河、西河、南河、濱田水等。南支樂安河，曾名大溪水，上游稱昌江河，婺源縣境亦稱婺江，源出贛、皖邊界婺源縣五龍山，南流折向西南流，經婺源、德興、樂平等縣市。全長兩百七十九千米，流域面積八千九百四十五平方公里。匯入的主要支流有番溪水、安殷河、槎溪河、建節水等。兩河在波陽縣饒公渡匯合後稱饒河，但流程不長，洪水期昌江與樂安河各自匯入鄱陽湖。

修水，源出江西省修水縣幕阜山西段黃龍山，由定江河和金沙河匯成，先後納入修水縣、武寧縣的眾多小支流，至永修又納

潦河，至吳城鎮匯入鄱陽湖。全長三百八十九公里，流域面積一萬四千七百平方公里。抱子石以上為上游山區，抱子石至柘林為中游丘陵區，柘林以下為下游沖積平原。修水水能蘊藏量大，幹流上建成柘林水電站，支流潦河上游建成羅灣水電站。由於水庫的調蓄，修水洪水已基本得到控制。

五、湖泊

江西省湖泊較多，主要分佈於五河尾閭地區，其中鄱陽湖是中國目前面積最大的淡水湖。

鄱陽湖，古稱彭蠡澤，處於江西省北部，北緯 28°25' 至 29°45'，東經 115°48' 至 116°44'。鄱陽湖承納贛江、撫河、信江、饒河、修河五大河。經調蓄後，由湖口注入長江，是一個季節性、吞吐型的湖泊，和五河構成了一個完整的鄱陽湖水系。鄱陽湖處於全省總低窪處，成為全省的集水盆和五河入長江的中轉站，並以巨大的容積調節長江水量。鄱陽湖南寬北窄，形如葫蘆，湖面最大長度一百七十三公里，最大寬度七十公里，最窄處不足一公里。以松門山為界，鄱陽湖分為東（南）和西（北）兩湖區。西（北）湖區稱西鄱陽或落星湖，地跨星子、德安、都昌、九江、湖口等地，長約四十五公里，寬約五公里，屏峰卡口處寬度不到三公里，入江水道口寬僅八百餘米，被廬山擠迫，形如葫蘆的長頸。東（西）湖區稱東鄱陽或宮亭湖，地跨永修、新建、南昌、進賢、餘干、波陽、都昌等地，形如葫蘆下部，湖域遼闊，是目前鄱陽湖的主湖區。鄱陽湖季節性和吞吐型使鄱陽湖的湖體面積在一年中變化很大，夏季水量大，湖面遼闊，冬季枯

水季節，湖灘裸露，湖面萎縮。具有「高水是湖，低水似河」「洪水一片，枯水一線」的獨特地理景觀。

鄱陽湖中有島嶼二十五處四十一個，面積達一百〇三平方公里，島嶼率為百分之三點五。主要島嶼有鞋山、松古山、蓮湖山、小磯山、松門山、四望山、長山、豬頭山、南磯山、印山、落星墩等。其中以蓮湖山面積最大，四十一點六平方公里，長山最高，海拔一百二十四點四米，印山與落星墩面積最小，均不足〇點〇一平方公里。

鄱陽湖周邊星羅棋佈散落著大量的湖、泊、塘、堰，無數的港、汊、河、渠將這些湖、泊、塘、堰和鄱陽湖聯結在一起。鄱陽湖周邊較大的湖泊有南昌的青山湖、象湖、艾溪湖、瑤湖、前湖，進賢的軍山湖，九江的賽城湖、八里湖、赤湖，湖口的南北港、寬湖，彭澤的茅湖、太泊湖，都昌的北廟湖，波陽的珠湖、蓮湖，餘干的魚池湖等。

第二節 ▶ 江西省地貌類型

江西省境內地貌類型根據不同的分類指標和劃分原則，可分為地貌形態類型、地貌成因類型及地貌形態成因類型。

一、地貌形態類型

以海拔標高和相對高程結合為分類指標，可將全省地貌劃分為九類，即中山、中低山、低山、高丘陵、低丘陵、高崗、低崗、階地、平原（包括水域）等。

江西省的九類地貌形態中，海拔在 1000～2000 米的中山面積為 23409.06 平方公里，占全省面積的 13.73%；海拔在 500～1000 米、相對高程大於 500 米的中低山面積為 22993.39 平方公里，占全省面積的 13.49%；海拔在 500～1000 米、相對高程在 200～500 米的低山面積為 15065.20 平方公里，占全省面積的 8.84%；海拔在 300～500 米的高丘陵面積為 31492.19 平方公里，占全省面積的 18.48%；海拔在 100～300 米的低丘陵面積為 40329.05 平方公里，占全省面積的 23.66%；海拔低於 100 米、相對高程在 30～80 米的高崗面積為 11229.26 平方公里，占全省面積的 6.59%；海拔低於 100 米、相對高程小於 30 米的低崗面積為 6841.66 平方公里，占全省面積的 4.01%；相對高程在 5～80 米的階地面積為 4332.41 平方公里，占全省面積的 2.41%；相對高程小於 5 米的平原（含水域）面積為 14765.86 平方公里，占全省面積的 8.66%。

　　江西是一個以山地丘陵為主的省份，全省山地（中山、中低山、低山）面積為 61467.65 平方公里，占全省面積的 36.06%；海拔在 100～500 米之間的丘陵（高丘陵、低丘陵）面積為 71821.24 平方公里，占全省面積的 42.14%；海拔低於 100 米的崗地、階地和平原（包括水域）面積為 37169.09 平方公里，占全省面積的 21.80%。江西省境內海拔在 100 米以上的土地總面積占全省總面積的 54.54%。

江西省地貌形態類型分市構成

市	山地		丘陵		平原（含水域）面積	
	面積（平方公里）	占該市土地面積的%	面積（平方公里）	占該市土地面積的%	面積（平方公里）	占該市土地面積的%
南昌	430.56	5.8	2523.02	34.0	4466.62	60.2
景德鎮	964.02	19.4	3761.45	75.6	247.93	5.0
萍鄉	994.28	36.0	1784.88	64.0		
新余	205.60	6.4	2639.63	83.1	331.68	10.5
鷹潭	810.16	22.1	2641.22	71.9	222.63	6.0
九江	5970.68	31.6	9158.19	48.5	3769.28	19.9
贛州	21249.31	54.6	17038.51	43.7	648.53	1.7
宜春	5478.23	30.1	10890.51	59.9	1824.68	10.0
上饒	7084.35	31.2	12558.63	55.2	3088.59	13.6
吉安	10041.73	36.5	14776.25	53.8	2661.07	9.7
撫州	5596.35	29.7	12365.83	65.6	889.08	4.7

二、地貌成因類型

以地貌外營力作用的性質不同為分類指標和劃分原則，可將全省地貌劃分為五類，即流水地貌、湖成地貌、喀斯特與丹霞地貌、風成地貌、冰川地貌等。

流水地貌

流水地貌包括流水侵蝕地貌、流水侵蝕剝蝕地貌、流水堆積地貌。

流水侵蝕地貌主要分佈在武夷山、九連山、諸廣山、萬洋山、武功山、九嶺、幕阜山、懷玉山和雩山山脈以及山前地帶和盆地邊緣的丘陵區，大都屬於新構造運動上升幅度大及流水切割

強烈的地區。由於侵蝕切割程度和組成岩性及地質構造的差異，可發育形成中山、中低山、低山、高丘陵與低丘陵等不同形態類型。

流水侵蝕剝蝕地貌主要分佈於五河中下游地區及鄱陽湖外圍地區，屬於新構造運動間歇性緩慢上升、風化作用和風化殼較厚、河道寬廣及水流速度較平緩的地區。由於侵蝕強弱和組成岩性及地質構造的差異，可形成低丘陵、高崗、低崗、紅土階地等不同形態類型。

流水堆積地貌主要分佈於五河上中游河谷及尾閭三角洲地區，屬於新構造運動間歇升降地區。由於新構造運動和物質組成的差異，發育形成平原、階地等不同形態類型。

湖成地貌

湖成地貌主要分佈於鄱陽湖濱及五河尾閭地區，屬於新構造運動下沉地區。由於形成條件和組成物質的差異，可發育形成湖積沖積平原、湖灘、湖沼及水下沙洲等形態類型。

喀斯特與丹霞地貌

喀斯特與丹霞地貌主要分佈於贛北、浙贛鐵路沿線和一些赤色盆地中心，屬於灰岩（含各類可熔岩類）和紅色砂礫岩的分佈區。由於岩性差異，發育程度不同，可形成喀斯特低山、喀斯特高丘陵、喀斯特低丘陵以及丹霞低丘陵等不同地貌形態。

風成地貌

風成地貌主要分佈於長江沿岸、鄱陽湖濱和贛江尾閭的一些地區。由於盛行風的作用，大量的泥砂被吹揚堆積再風蝕，形成風沙地貌沙山（崗）。

冰川地貌

冰川地貌主要見於廬山、武功山、大圍山、九宮山、武寧岩等地，是第四紀山谷冰川活動的遺跡。

三、地貌形態成因類型

根據實際需要，可將地貌形態類型和地貌成因類型綜合來劃分全省的地貌。

流水作用形成的形態類型

江西省地處亞熱帶，降雨量大，流水作用形成的形態成因類型遍佈全省。

流水作用侵蝕切割強烈，構造運動上升強烈，以花崗岩或混合岩為主形成的鋸狀、壟狀中山，主要分佈於九嶺、萬洋山、諸廣山、九連山、武夷山、懷玉山、大王山、軍峰山、雞公嶂等地，其峰脊多呈鋸狀或壟狀，局部為鋸狀峰林或石筍。

流水作用侵蝕切割強烈，構造運動上升，由砂岩、砂礫岩或板岩形成的鋸狀中山，主要分佈於幕阜山、井岡山、雩山、懷玉山及武功山南麓，其山坡陡峭，山脊多呈鋸狀、尖峰狀或壟狀、溪澗深切且縱剖面呈階梯狀，跌水瀑布發育落差最大。

流水作用侵蝕切割較強烈，構造運動上升，由花崗岩或火山岩形成的鰭狀、壟狀中低山，主要分佈於武夷山南段、尋烏中排山、定南北部、信豐金盤山南、虔南龍原壩、上猶紫陽、興國樟木、南昌西山、高安華林寨、靖安鐵門塹，其地貌特徵類似於花崗岩形成的中山，局部有石蛋地形和水土流失現象。

流水作用侵蝕切割較強烈，構造運動上升強烈，以砂岩、板

岩為主形成的鋸狀、壟狀中低山，主要分佈於霄山、瑞昌花園、修水大椿、武寧羅平、安福彭坊、泰和高市、遂川水口、龍南興安基山等地，其地貌特徵與砂岩、板岩形成的中山相似。

流水作用侵蝕切割中度，構造運動上升較強，以花崗岩或火山岩為主形成的鋸狀、壟狀、垣狀低山，主要分佈於花崗岩中低山區前緣，如贛南、武夷山、南昌西山等地，其地貌多呈塊狀、垣狀分佈，坡麓溝道發育，有水土流失現象。

流水作用侵蝕切割中度，構造運動上升較強，以砂岩、板岩和礫岩為主形成的鋸狀、壟狀低山，主要分佈於霄山兩側和瑞金，其他有銅鼓棋平、萬載高村、宜春慈化、吉安天河、景德鎮南、新余九龍山等地，其地貌兼具山地與丘陵二類特徵，是山地與丘陵的過渡類型。

流水作用侵蝕中等，構造運動間歇性抬升，由花崗岩或火山岩形成的壟狀、饅狀高丘陵，零星分佈於修水何市、銅鼓大段、東鄉虎形山、貴溪塘灣、廣昌米市平、萬安彈前、寧都黃陂及黎川、資溪、會昌、龍南、永豐等地，其丘體多呈壟狀或饅狀，有薄層風化殼和崩塌、滑坡現象，在花崗岩區有球狀風化形成的石蛋地貌及輕度水土流失。

流水作用侵蝕剝蝕中等，構造運動間歇性抬升，以砂頁岩、礫岩為主形成的壟狀、垣狀、饅頭狀高丘陵，多見於斷陷盆地邊緣及同前地帶，如安遠縣城至重石、尋烏至會昌站塘、南城附近、婺源思口、瑞金、德興、德安、修水等地，地貌特徵表現為丘頂平緩，丘坡較陡，多河曲與小型侵蝕盆地發育。

流水作用侵蝕剝蝕中等，構造運動緩慢上升，以砂頁岩、礫

岩為主形成的陡坡狀山前低丘陵，主要見於斷陷盆地邊緣，如修水至武寧、永修愛民、波陽響水灘、南康米坊等地。地貌特徵表現為丘陵呈陡坡緩脊，頂部多為饅狀或垣狀。

流水作用中等侵蝕，以剝蝕為主，構造運動緩慢抬升，由花崗岩或火山岩形成的壟狀、饅狀低丘陵，分佈於信豐安息、南康龍回、上猶西、會昌西北、興國古龍崗、峽江城上、東鄉南、南豐至黎川一帶，其火山岩低丘多呈波狀、饅頭狀；花崗岩低丘常見有崩崗、崩塌等現象，水土流失較嚴重，有些地方經強烈風化剝蝕形成石蛋地貌。

流水作用弱侵蝕，以剝蝕為主，構造運動緩慢抬升，由砂頁岩形成的波狀低丘陵，全省各地均有發育，但主要分佈於斷陷盆地區。地貌特徵表現為丘體多呈波狀或饅狀；局部地區因岩層層面與裂隙構造發育，則形成梳狀地貌、桌狀山、單面山及劣地等。

流水作用微侵蝕，以剝蝕為主，構造運動間歇性抬升，由紅土、砂頁岩形成的波狀、壟狀高崗，分佈較廣，主要見於紅盆地內與河谷兩岸，如瑞金、南康、信豐、德安、上高、高安、清江、新幹、吉安、臨川、樂平、貴溪、弋陽及南昌石崗、進賢白壚與仲陵等地。地貌特徵表現為波狀、壟狀坡緩，崗體多向湖區或河谷傾斜，風化剝蝕強烈，凹谷與沖溝較發育，水源不足，旱情較嚴重。

流水作用以剝蝕為主，構造運動間歇性抬升，由花崗岩（或火山岩）形成的微波狀高崗，主要見於永豐南部、新幹洋湖、奉新羅塘與赤岸、貴溪周坊、金溪琅居等地，其地面微波狀，紅土

風化殼發育。

流水作用微侵蝕，以剝蝕為主，構造運動掀斜抬升，由紅土、砂頁岩形成的微波狀低崗，見於新余至永修鐵路沿線、進賢、東鄉、鷹潭一帶及湖口流芳、波陽柘港、臨川至崇仁等地，地貌特徵表現為陡坡冊谷平行分割崗體、壟崗相間呈條帶狀分佈，崗面平緩似準平原面，紅土風化殼巨厚，小型沖溝發育，局部有水土流失現象。

流水作用微侵蝕，以剝蝕為主，構造運動間歇性抬升，由花崗岩（或火山岩）形成的微波狀低崗，僅見於金溪北、進賢東、都昌蔡家嶺、湖口五里街等地，地貌特徵表現為風化剝蝕強烈，風化層較厚，其上只有紅土風化殼及溝谷發育，有些地方見有殘丘石蛋地貌。

流水作用微侵蝕，以剝蝕為主，構造運動以掀斜抬升為主，由紅土、砂頁岩形成的平坦二級階地，主要分佈於鄱陽湖地區的都昌周溪、波陽蓮湖、餘干三湖、進賢軍山湖等地。地貌特徵表現為階地被寬淺坳谷分割，呈壟（崗）谷相間排列，階面平坦，其前緣呈鳥足狀向湖區傾斜。

流水作用堆積，構造運動緩慢沉降，由亞砂土、粉砂、砂礫石形成的沖積平原和河漫灘，主要見於河流兩岸與鄱陽湖湖濱地區。其地貌特徵表現為地面平坦坡降小，平原上河網密集，有遺棄河道、牛軛湖發育。

流水作用堆積，構造運動間歇性抬升，由砂層、網紋紅土和砂礫石層形成的河流階地，主要分佈於新構造運動間歇升降的河谷及河流入湖地區，在河流中上游區有三級階地發育，在下游區

一般僅有兩級階地。

湖成形態類型

此類地貌主要分佈在江西省境內的新構造運動下沉區的鄱陽湖沿岸和五河尾閭。

地質構造緩慢沉降，由淤泥、粉砂組成的湖積沖積平原，主要分佈於鄱陽湖濱湖區和五河尾閭三角洲區，在鄱陽湖南岸地區分佈較集中。其地貌特徵為平原上河渠密佈，殘留湖泊、遺失河道、牛軛湖等較發育，土壤肥沃，是江西的重要糧倉。

淤泥或淤泥質粉砂組成的湖灘與湖沼，主要分佈於鄱陽湖沿岸，波陽、康山、瑞洪、軍山湖等低窪積水地帶分佈較廣。其地貌特徵為沼澤甚為發育，蘆葦、湖草叢生。

淤泥、細粉砂組成的水下沙洲，主要分佈於五河入湖口的水下區域，由水流搬運入湖的泥沙堆積面成。洪水及中水期，多被淹沒；枯水期，露出水面成為湖洲，常見湖草生長。

喀斯特與丹霞低山丘陵類型

該類地貌包括由灰岩、紅色砂礫岩及含有可溶性岩類組成的各種喀斯特地貌和丹霞地貌。由於灰岩的時代不同，岩層的厚度不同，碳酸鹽含量不同，裂隙發育程度不同，喀斯特發育也不同，因此形成各種不同形態的喀斯特地貌。紅色砂礫岩因含有可溶性鹽類，因而形成類似喀斯特的假喀斯特地貌——「丹霞」地貌。

由灰岩（或可溶性岩石）組成的鋸狀、錐狀、壟狀陡峻低山，主要見於永豐藤田與冠山、吉水臨江和三尖峰、安福、萍鄉石觀泉、宜春坑西、土嶺與柘塘、弋陽福相山、玉山臨湖、修水

地貌類型[2]

1：2 000 000

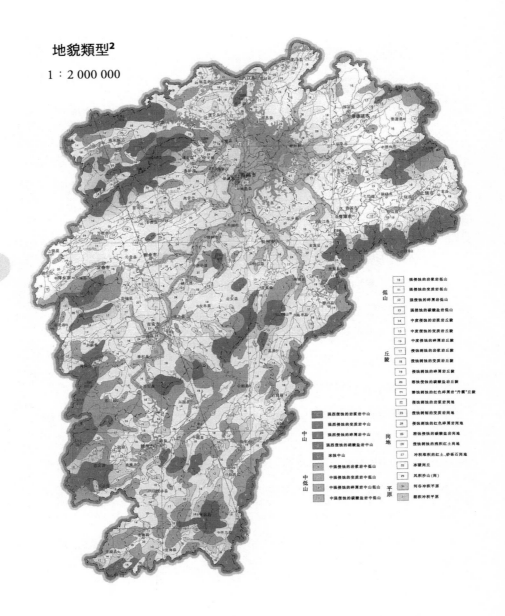

2 引自《江西省地圖集》，第 26 頁。

港口等地。其地貌特徵表現為基岩裸露，多為條帶狀分佈的喀斯特單斜山嶺，或呈斷續的峰脊，山坡陡峭，溝谷刻切顯著，有溶洞、漏斗、殘山、石林、塌陷、窪地、暗河等喀斯特形態發育。

由灰岩組成的喀斯特高丘陵，主要分佈於永新、于都梓山、吉水富灘、上高至宜春的柏木、坑西等地。其地貌特徵表現為喀斯特化強烈，地表與地下喀斯特均有充分發育，山體多呈奇峰怪石，地面呈尖刀狀，可見孤立石峰、石牙、溶溝、漏斗、落水洞、溶蝕窪地等；地下有石筍、石硅等形態發育的溶洞，部分地區可見暗河發育。

由灰岩構成的喀斯特低丘陵，主要見於修水四都、弋陽曹溪、高安楊柳坪與福相山、永豐藤田及宜春、分宜、萍鄉一線以北地區、婺源清華至景德鎮湧山一帶。其地貌特徵為：地表高低起伏，奇峰怪石廣佈，常見石牙、溶溝、漏斗、落水洞、溶洞、暗河、孤峰、溶蝕殘山、天然橋、溶蝕窪地等喀斯特地貌發育。

主要由紅色砂礫岩（含有可溶性岩類）形成的「丹霞」低丘陵，多見於含有鈣質，厚層狀砂礫岩廣佈，岩層產狀較平緩，裂隙較發育的赤色盆地之中。流水沿裂隙侵蝕，形成類似於喀斯特地貌的景觀，其色丹朱如霞。江西省境內較典型的丹霞地貌有弋陽的圭峰、定南的武當山、寧都的翠微峰、南豐的戈廉石、貴溪的龍虎山、上饒的董團、余江的岩前、贛州的通天岩、南城的麻姑山等。

風成形態類型

由白色石英細、粉砂組成的沙山沙崗。主要分佈於鄱陽湖濱和長江沿岸。如松門山、大吉山、蓼花、老爺廟、烏龜山，柘

機、芙蓉、市汊、富山、崗上、後田等地。其地貌特徵表現為，江岸湖濱的泥沙被吹揚，砂積階地受風蝕改造，重新堆積造就沙山沙崗。

冰川形態類型

此類地貌是在江西北部山區由第四紀冰川活動形成的。

冰蝕地貌，主要分佈於廬山、武功山、大圍山、九宮山及武寧岩等地的山上，山體遭受冰川的侵蝕作用，形成各種形態的角峰、刃脊、冰斗、懸谷及槽谷等地形。

冰磧地貌，主要分佈於廬山、武功山等地的山麓地帶，其冰磧地形有中磧壟、側磧壟、底磧丘阜、終磧壟、冰磧丘陵、冰磧扇、冰磧階地和冰水階地等。

第三節 ▶ 江西省地貌分區

根據地貌形態、地貌成因、地質構造和區域開發的差異，可以把江西省複雜多樣的地貌形態劃分為各個地貌分區。

一、贛西北中、低山與丘陵區

贛江以西，浙贛鐵路以北劃為贛西北中、低山與丘陵區。該區包括修水、武寧、瑞昌、銅鼓、靖安、萬載、宜豐、上高、高安、奉新、九江、宜春等縣市和萍鄉、星子的部分地區。區域總面積 3.549 萬平方公里，其中中、低山區面積 1.211 萬平方公里，占全區面積的 34.1%；丘陵區面積 1.436 萬平方公里，占40.5%；崗地面積 0.574 萬平方公里，占 16.2%；階地、平原和

水域面積共計 0.328 萬平方公里，占 9.2%。

區域地質構造運動差異上升。區域內嶺谷錯落，盆地相間，海拔高度自西北向東南遞減。九嶺及以北，多為花崗岩和變質岩構成的中低山，以南則多為紅色岩系並雜有石灰岩、花崗岩和變質岩的丘陵與盆地。區域內有修水、潦河、錦江和袁水等河流，河流兩側發育著多級階地。該區域可細分為幕阜、九嶺侵蝕中山與宜豐、高安侵蝕丘陵兩個地貌副區。

幕阜、九嶺侵蝕中山副區包括九嶺、幕阜山及二山間的丘陵、盆地和廬山，面積 1.788 萬平方公里。區域內中、低山面積 1.075 萬平方公里，占該區總面積的 60.1%；丘陵面積 0.531 萬平方公里，占 29.7%；其他面積 0.182 平方公里，占 10.2%。地貌以流水侵蝕的花崗岩、變質岩中、低山為主。區域內水電、森林資源較豐富。

宜豐、高安侵蝕丘陵副區包括宜豐、高安、萬載、上高等縣（市）及宜春、萍鄉等市的一部分，面積為 1.761 萬平方公里。區域內低山面積 0.135 萬平方公里，占該區總面積 7.7%；丘陵面積 0.905 萬平方公里，占 51.4%；崗地面積 0.493 萬平方公里，占 28.0%；其他面積 0.228 萬平方公里，占 12.9%。區域內以紅色岩係為主，有少量的花崗岩和變質岩。地貌以流水侵蝕的丘陵和崗地為主，平原和低山相雜其間。區域內的自然條件對種植業較為有利。

二、鄱陽湖湖積沖積平原區

贛北湖口、九江一線以南，豐城、東鄉一線以北劃為鄱陽湖

湖積沖積平原區。該區包括德安、永修、都昌、波陽、餘干、進賢、南昌、新建、湖口、彭澤等縣市及星子縣、樂平市的大部分。區域總面積 1.576 萬平方公里，其中丘陵面積為 0.111 萬平方公里，占全區面積的 7.0%；崗地面積為 0.393 萬平方公里，占 25.0%；平原、階地和水域面積共 1.072 萬平方公里，占 68.0%。

區域內以平原和崗地為主，河湖密佈，外緣則有低緩的壟崗、河流階地和低丘陵分佈。該區地貌特徵是在新構造運動作用下，由長江和鄱陽湖水系總和淤積而成的。區域內地勢平坦，土地肥沃，宜於農作和水產養殖。平原圩區地勢低窪，易受洪澇災害，丘陵崗地間歇升降，易受旱災。

三、贛東北中、低山與丘陵區

上饒、貴溪一線以北劃為贛東北中、低山與丘陵區。該區包括婺源、德興、玉山、廣豐、橫峰、弋陽、上饒、萬年、浮梁、景德鎮等縣市及鉛山、貴溪、樂平等縣市的一部分。區域總面積 2.562 萬平方公里，其中中、低山面積為 0.625 萬平方公里，占該區總面積的 24.4%；丘陵面積為 1.572 萬平方公里，占 61.4%；其他面積合計 0.365 萬平方公里，占 14.2%。

區域地質構造屬新構造運動大面積掀斜上升區，由變質岩、紅岩系和花崗岩構成。區域內地勢中部高南北低，中部多為流水侵蝕形成的中低山，北部除零星低山外多為變質岩組成的壟狀丘陵，南部丹霞地貌發育並與盆地相間。區域內有懷玉山脈和昌江、樂安江、信江等河流。該區域可細分為三個地貌副區。

浩山、蛟潭侵蝕剝蝕丘陵副區位於景德鎮與浩山之間，區域總面積 0.569 萬平方公里，其中中、低山面積 0.069 萬平方公里，占該區總面積的 12.1%；丘陵面積為 0.425 萬平方公里，占 74.7%；其他面積為 0。075 萬平方公里，占 13.2%。區域內地貌主要由流水侵蝕剝蝕的由變質岩或紅色岩系組成的饅頭狀或壟狀丘陵，間有中低山零星分佈。區域內植被以稀疏灌木為主，谷地和河流兩岸為農業區。區內盛產瓷土，景德鎮早已成為馳名中外的瓷都。

婺源、懷玉侵蝕中、低山副區位於懷玉山與景德鎮之間，區域總面積 0.888 萬平方公里，其中中、低山面積 0.463 萬平方公里，占該區總面積的 52.1%；丘陵面積 0.406 萬平方公里，占 45.7%；其他面積 0.019 萬平方公里，占 2.1%。區域地貌以侵蝕中低山及高丘陵為主，間有喀斯特地貌和侵蝕剝蝕低丘陵散佈，植被茂密，水力資源較豐富。

弋陽、玉山侵蝕剝蝕紅岩丘陵盆地副區位於弋陽與玉山之間，區域總面積 1.104 萬平方公里，其中中、低山面積 0.093 平方公里，占該區總面積的 8.4%；丘陵面積 0.740 萬平方公里，占 67.0%；崗地面積為 0.212 萬平方公里，占 19.2%；其他面積為 0.059 萬平方公里，占 5.3%。區內地貌以丘陵和崗地為主，並間有中低山、低崗、平原和河流階地散佈。紅層廣佈地區，經長期流水侵蝕發育有丹霞地貌。

四、贛撫中游河谷階地與丘陵區

贛撫中游河谷階地與丘陵區位於萬安到豐城間的贛江河段及

石門、李家渡間的撫河段的贛撫中游地帶，包括萬安、泰和、吉
安、峽江、新幹、樟樹、豐城、崇仁、樂安、宜黃、永豐、余
江、東鄉等縣市及新余市、分宜縣、安福縣的一部分。區域總面
積 2.219 平方公里，其中中、低山面積 0.178 萬平方公里，占全
區土地面積的 8.0%；丘陵面積 1.220 萬平方公里，占 55.0%；崗
地面積 0.504 萬平方公里，占 22.7%；河谷階地及其他面積
0.317 萬平方公里，占 14.3%。

　　該區域的地質運動屬新構造運動大面積穩定上升區，岩性以
紫色砂岩、頁岩為主，並有第四紀紅土層分佈。區域內河流階
地、高丘陵、低丘陵與紅色盆地相間，零星散佈有中、低山。區
域內河流兩岸以稻作為主，階地與崗地多為旱地，另有大面積荒
地，土地資源豐富。

五、贛西中、低山區

　　贛西中、低山區位於分宜、遂川一線以西，羅霄山脈以東，
包括井岡山、寧岡、永新、蓮花等縣市以及安福、遂川、分宜、
萍鄉等縣市的一部分。區域總面積 1.276 萬平方公里，其中中山
面積 0.506 萬平方公里，占全區總面積的 39.7%；低山面積
0.418 萬平方公里，占 32.8%；高丘陵面積 0.226 萬平方公里，
占 17.7%；低丘陵面積 0.126 萬平方公里，占 9.8%。

　　該區域屬新構造運動強烈上升區，區內地貌以中、低山為
主，地勢高峻，侵蝕切割強烈，植被茂密，水力資源豐富。

六、贛中南中、低山與丘陵區

贛中南中、低山與丘陵區位於遂川、宜黃、金溪、貴溪、鉛山一線以南，包括了江西邊緣山地中的武夷山脈、九連山與大庾嶺、諸廣山脈以及境內的雩山山脈。區域總面積 6.061 萬平方公里，其中中山面積 1.207 萬平方公里，占該區面積的 19.9%；低山面積 2.20 萬平方公里，占 36.3%；丘陵面積 2.494 萬平方公里，占 41.2%；崗地面積 0.055 萬平方公里，占 0.9%；其他面積 0.105 萬平方公里，占 1.7%。區域周邊的中、低山主要由花崗岩與變質岩構成並經流水侵蝕，呈現出峻峭崎嶇的地貌特徵，常有石蛋地形伴生。區域中部的低山、丘陵與盆地主要由紅岩層和花崗岩構成，地勢起伏不大，山丘多為饅頭狀或壟狀。紅岩區內有丹霞地貌發育。在河流兩岸形成深切谷地或河流階地。區域內森林、礦產及水力資源較為豐富，丘陵與盆地適宜農業生產。

該區域可細分為四個地貌副區。

北武夷山侵蝕中山副區位於鉛山、貴溪以南贛閩邊界的武夷山脈。區域總面積 0.455 萬平方公里，其中中山面積 0.333 萬平方公里，占該區面積的 72.2%；低山面積 0.058 萬平方公里，占 12.7%；丘陵面積 0.064 萬平方公里，占 14.1%。地貌類型以鋸齒狀中山為主，山體主要由花崗岩或火山岩構成。

南豐、黎川侵蝕剝蝕丘陵副區包括南豐至廣昌斷陷紅色盆地、黎川花崗岩侵蝕盆地、資溪至廣昌間贛閩邊界的武夷山脈。區域總面積 0.580 萬平方公里，其中中山面積 0.0456 萬平方公里，占該區面積的 7.9%；低山面積 0.0841 萬平方公里，占

地貌分區[3]

1 ： 4 000 000

地貌分区

I　赣西北中、低山与丘陵区
　I₁　幕阜山九岭山构造侵蚀中山与丘陵亚区
　I₂　萍乡—高安侵蚀溶蚀、剥蚀丘陵盆地亚区
II　鄱阳湖凹陷湖积冲积平原
III　赣东北中、低山与丘陵区
　III₁　景德镇西北部构造侵蚀剥蚀丘陵亚区
　III₂　婺源—怀玉山构造侵蚀中山与丘陵亚区
　III₃　鹰潭—玉山构造侵蚀剥蚀丘陵亚区
IV　赣抚中游吉安—抚州凹陷构造剥蚀丘陵与河谷平原区
V　赣西武功山、井冈山构造侵蚀中山与低山区
VI　赣中南中低山与丘陵区
　VI₁　北武夷山构造侵蚀中山亚区
　VI₂　南丰—黎川构造侵蚀剥蚀丘陵亚区
　VI₃　赣南构造侵蚀、剥蚀中低山与丘陵亚区
　VI₄　兴国—信丰构造侵蚀剥蚀丘陵盆地亚区

分区界线　　　亚区界线

3　引自《江西省地圖集》，第27頁。

14.5%；丘陵面積 0.4285 萬平方公里，占 74.0%；階地和平原面積 0.0218 萬平方公里，占 3.7%。區域內武夷山脈為侵蝕中低山地貌，南豐至廣昌斷陷紅色盆地中局部形成了丹霞地貌，在撫河等河流兩岸形成狹長谷地和零星的河流階地。黎川盆地風化殼發育並雜有石蛋地形。

贛南侵蝕中、低山與丘陵副區包括諸廣山脈、九連山和大庾嶺，信豐、安遠間的符山與柯樹背，安遠、尋烏間的烏石排和九龍山，于都、寧都間的雩山山脈等。區域總面積 4.423 萬平方公里，其中中山面積 0.817 萬平方公里，占全區面積的 18.4%；低山面積 2.00 萬平方公里，占 45.2%；丘陵面積 1.581 萬平方公里，占 35.8%；崗地、階地與平原面積共計 0.025 萬平方公里，占 0.6%。區域內山體多由花崗岩或變質岩構成的中、低山和高丘陵，在中、低山兩側常有與之走向一致的斷陷盆地分佈。

興國、信豐侵蝕剝蝕紅岩丘陵盆地副區包括贛州盆地和信豐盆地的大部分。區域總面積 0.603 萬平方公里，其中中、低山面積 0.0674 萬平方公里，占全區面積的 11.2%；丘陵面積 0.4195 萬平方公里，占 69.6%；崗地、階地與平原面積共 0.1161 萬平方公里，占 19.2%。該區域是贛南的重要農業區，但水土流失較嚴重。沿贛江等河流兩側發育著一些河流漫灘平原和階地。

第四節 ▶ 江西省地貌形成與演化

地貌是地球表面各種起伏形體的總稱，是內力與外力相互作用的產物。一般來說，宏觀地貌的形成，主要取決於區域地質構

造、岩石侵蝕力差異等因素。氣候條件、植被特徵等對地貌發育的影響，則是疊加在內力過程之上的外力因素。江西地貌的基本輪廓與地貌形態是內外營力相互作用的結果，地質構造運動起到了加大地貌高低起伏和基本輪廓的作用，氣候和植被起著夷平地面和減緩地勢起伏的效應。

一、影響地貌發育的自然因素

　　組成地表的自然環境因素，一般都直接或間接參與地表形態的發育過程，制約著地貌過程的強度、組合狀況和空間分佈。影響江西地貌發育的自然因素有：組成地殼的各類岩石、地質歷史時期形成的地質構造、新構造運動、氣候、土壤、植被和時間等。其中岩石性質與地質構造是地貌發育的物質基礎，新構造運動及氣候條件對現代地貌形成的作用極為顯著，土壤、植被等對地貌形成的影響也不可低估。隨著時間的推移，宏觀地貌形態也隨之發展演化。

區域地質構造

　　區域地質構造是控制宏觀地貌發育的主要因素。江西地跨揚子陸塊和南華褶皺帶兩大地質構造單元，境內主要有北東東向、北東向、北北東向與北西向等斷裂和斷裂帶。這些斷裂或斷裂帶相互影響，把地表分割成條塊不一的各種構造單元，並以此影響與控制著地貌發育，使地貌單元和地質構造單元趨於一致。如境內的山地的排列走向，受北東向與北北東向構造的控制，餘者的山脊線多為北東向或北北東向。一些構造盆地，受北東向斷裂的影響，也呈北東向展佈。一些隆起帶或塊體發育成的山地地貌，

山體走向與構造線趨於吻合。一些局部小構造對於中、小地貌的形成發育也有顯著的影響，如主要河流發育於向斜構造內或斷層線，分水嶺多為背斜或復背斜所構成。一些山地丘陵與崗地平原的分野，則以區域大斷裂為邊界，顯示了地貌與構造分區的一致性。盧山和西山受兩側斷裂的挾持面抬升，成為典型的斷塊山。源出浮梁縣的三縣尖，並發育於北北東向油墩—青嵐湖斷裂帶中的西河，具有線性斷裂構造特徵，谷形順直，成為典型的斷裂谷。

岩性

組成地殼的岩石是地貌發育的物質基礎。它對地貌發育的影響，主要是通過其抗蝕能力的差異和岩層的產狀、結構面性質等起作用的。如贛南的花崗岩山地，通過花崗球狀風化和流水作用等地貌過程，往往產生石蛋或崩崗地貌。興國、南康赤土等地的斜傾狀砂頁岩互層，常成梳狀地貌。贛州、于都、新建和進賢等地的紫色頁岩或網紋紅土，經流水的線狀和面狀侵蝕，呈現溝壑縱橫，地表裸露的劣地景觀。宜春柏化與坑西、于都梓山、分宜彬江、寧都青蓮山、萍鄉石觀泉、九江獅子洞、彭澤龍宮洞、樂平洪源洞等地的灰岩，經喀斯特作用，發育了千姿百態的地表與地下喀斯特地貌。贛州的通天岩、龍南的小武當山、寧都翠微峰、南豐的戈廉石、南城的麻姑山、弋陽的圭峰、貴溪的龍虎山、余江的岩前等地的近水平狀紅色砂礫岩，經流水作用、重力崩塌以及溶蝕等綜合作用，形成了奇峰突起、造型獨特的丹霞地貌。

外營力

　　影響地貌發育的各種外營力中，氣候因素是主導營力。它通過溫度和降水直接控制岩石的物理和化學風化過程，並影響流水侵蝕、風化碎屑物的搬運和堆積狀況。如構成贛南山地的花崗岩，經風化和暴發的山洪搬運，移動後的沉石在山麓地帶形成飽水扇狀的石蛋地貌。主要河流中上游區的一些風化物質搬運至下游河床或湖盆，則沉積形成河灘、心灘、邊灘或沖積平原等。鄱陽、都昌、進賢、新建等地的紅土崗地，經流水侵蝕，往往形成密集的侵蝕溝道網，水土嚴重流失。這些均是氣候對地貌發育直接影響的具體表現。

　　此外，氣候還通過植被、土壤、水文、微生物活動等間接影響地貌發育。江西屬濕潤季風氣候區，植被繁茂，森林覆蓋率較高，從而制約和影響岩石物理化學風化過程，對地表起著保護作用，遏制流水的侵蝕作用，使外營力的強度大為削弱，減緩了水土流失等地貌過程。如在鄱陽湖湖濱窪地，常因植物的生存和消亡導致沼澤化，經微生物活動分解產生泥炭與淤泥，進而形成湖灘及湖沼平原。

　　氣候的緯度（或水平）地帶性、溫度、降水等外力作用及其塑造的地貌，往往也都表現有一定地帶性特徵。在同一氣候區內，地貌過程及其形態組合，具有相似的地帶性特點。氣候一旦發生變化，就會導致形成地貌主導營力變化，地貌過程和形態組合也將隨之而異。江西所處地理緯度較低，氣候溫和，雨量充沛，屬中亞熱帶季風氣候區，地貌過程具有濕熱區的一般特徵，影響地貌形成的外營力以經常性流水和化學風化占主導地位，故

紅土風化殼有一定發育，流水地貌形態處處可見，遍佈全省各地。一些灰岩分佈區（如彭澤龍宮洞、宜春拓塘、修水四都、高安雞公嶺等地）的喀斯特作用及其所產生的地貌形態（包括地表與地下喀斯特地貌），也反映了亞熱帶氣候條件下特有的地貌過程和形態組合特點，並以喀斯特丘陵為地表突出形態標誌，有別於熱帶或溫帶中的喀斯特。

二、古地貌形成

江西地跨揚子陸塊和南華褶皺帶兩大構造單元，受地質構造的控制，區內古地貌具有長時期、多階段的演化特徵。邊緣山地丘陵及其他地貌的發育，基於元古代基底褶皺和古生代的蓋層褶皺之上，受控於歷次構造運動，並隨著地史演化過程而發育形成。燕山運動開始發育地貌格架的雛形，喜山運動奠定了全省地貌的基本輪廓。

在早古生代志留紀之前，贛中南區仍呈現一片海區地貌景觀，今武功山所在地，當時只是一座半島。贛北區在中元古代經晉寧運動褶皺回返，步入了陸塊發展時期，並伴隨形成規模巨大的複式九嶺花崗岩體，構成贛北區時代最古老、地質最高峻的古地貌九嶺——高台山山地。

印支運動結束了江西境內海侵的歷史，開始了以陸地為背景的地史演化時期。這時，全省在太平洋板塊、歐亞板塊、華北板塊和華南板塊的共同作用下，一些古地貌不斷抬升剝蝕，造就了一系列北東向的山脈，並先後形成一些散佈在古山地丘陵間的斷陷盆地。

中生代燕山運動早期，在構造活動的強烈作用下，引起古老山地進一步抬升，並解體型成起伏較大的九嶺、懷玉山、武夷山等邊緣山地及其間的一些河谷平原；一些印支期形成的北東向盆地，受斷裂的發育與制約，逐漸造就呈北北東向山間盆地；鄱陽、宜豐、新余、弋陽、吉安、贛州、寧都、瑞金等一些斷陷盆地，堆積了巨厚的紅色陸相碎屑岩沉積建造，並伴有岩漿侵入和噴發活動。至燕山運動晚期，一些早期形成的盆地，範圍不斷擴大，位置也由東向西移；鄱陽盆地因受湖口—贛江、豐城—餘干、萍鄉—上饒等斷裂活動影響，其範圍進一步擴至包括鄱陽湖、清江、撫州、余江在內的廣大區域，並奠定了鄱陽湖區四周山地丘陵的盆狀地貌輪廓。

喜山期的斷塊式差異垂直升降運動使燕山期隆起的山地再度上升，而山前和山間低窪地再次相對沉降，從而造就該區地勢高低起伏對比較為強烈。如廬山是在燕山期整個地盤上升的基礎上，受喜山運動期斷裂的控制，快速抬升形成斷塊山，而廬山外圍地區卻再度下降，鄱陽湖斷陷盆地進一步發展。

三、新構造運動對古地貌的再塑造

第三紀末期以來的新構造運動是一種以繼承性的斷裂的斷塊差異升降為主要表現形式的構造運動。這一運動加速了江西現代地貌的發育過程，並對地震活動與溫泉分佈有重要影響。

在新構造運動的影響下，自新第三紀晚期以來，省內大部分地區長期處於抬升狀態，地面營力以侵蝕剝蝕為主。贛中南與贛東北區以大面積整體緩慢抬升為主，地貌起伏反差小。贛西與贛

西北山地，山體強烈抬升，河流深切。贛北地區斷塊差異升降活動較為明顯，由於斷塊差異性升降活動，產生了現今廬山與鄱陽湖緊鄰的地貌現象，並循活動斷裂帶伴有溫泉出露（如星子溫泉）。

新第三紀晚期至第四紀早更新世，新構造運動表現較為強烈，燕山期形成的斷裂均有程度不同的復活，塊斷活動強度與間歇性抬升幅度均較大。如贛南區的贛縣礫石層組成的第三級階地、贛西北武寧一帶的階地、鄱陽湖盆外圍區均被抬升；沿湖口—清江大斷裂和宜豐—景德鎮斷裂帶分別發育了古贛江與古昌江，並匯入鄱陽湖斷陷，經星子—湖口「狹谷」注入長江；在今贛江的清江大橋至進賢一帶，發育了古贛江沖積平原，並於古贛江下游的榮塘、前坊等地，局部形成湖沼地貌景觀；在武夷山西麓，斷塊山繼續上升，斷陷盆地不斷下降，形成以山高谷深為特徵的現代地貌。

中更新世時期，新構造運動進入相對穩定階段，省內廣大地區的地貌過程以剝蝕—夷平為主，地貌從陡峭漸變為平緩，造就了起伏和緩的丘陵、崗地和谷地。在贛中、贛北區，受高溫多雨的影響，發育了厚層的紅土風化殼；一些河谷區早更新世堆積物遭破壞，形成基座階地或河谷沖積平原；在古贛江下游區，差異性沉降和流水沉積的迭加，發育了埋藏階地或洪積扇。此外，古鄱陽湖盆地進入向心狀水系發育的全盛時期，除早已形成的古贛江與古昌江進一步發育外，古撫河、古信江、古樂安江、古錦江、古修水等河流也相繼發育，逐步發展為完整的鄱陽湖水系，並造就了廣闊的古鄱陽湖沖積洪泛平原。

晚更新世以來，新構造運動又趨於活躍。贛南區以大面積緩慢上升為主，贛北區較為穩定，但鄱陽湖地區仍繼續下降。全新世，贛南處於穩定中略有緩慢上升，贛北則大面積持續下降。自全新世末期至今，除鄱陽湖地區略有下降外，全省其他地區均趨於穩定。

江西境內盆地眾多，成因各異，但多與新構造運動有密切的關係，大都發育在新構造運動相對和緩的地區，經流水侵蝕切割形成的，至今仍然在斷續發展中。

江西的地震活動和溫泉區域分佈，與新構造運動也有密切關聯。從地震的區域性來看，歷史上的強震或現今的弱震，絕大多數發生於斷裂與斷塊差異活動較強的新構造區（如贛西北斷塊差異上升區、贛南斷塊差異上升區、南武夷斷塊掀斜隆升區等）；且歷史上的地震集中分佈於石城—尋烏、九江—靖安兩個活動斷裂帶上，條帶性分佈明顯。全省近百處溫泉主要分佈於幕阜山、九嶺山、九連山等新構造活動帶，出露點多沿斷裂帶展佈。如宜春溫湯溫泉出露於北北東向與北北西向斷裂交合部，修水黃沙湯橋溫泉出露於北北東向斷裂的端點，星子隘口溫泉出露於北北東向與近東西向斷裂復合交匯部等。

四、人類活動對地貌發育的影響

人類活動對地貌的影響，從人類歷史初期起就已經開始了。隨著經濟與社會的發展，人類的生產生活與各類經濟活動的地質作用，已日益顯出它是一種極為重要的地貌營力，越來越多地干預地貌的發育過程，尤其在科學技術高度發達的現代，人類活動

更成為一種超常態的地貌外營力，既可促進地貌作用的發展，又能抑制地貌的形成過程；既能破壞或改變一些天然地貌，也可建設形成許多新的地貌形態。如城市不斷擴大、興修水利、修建水庫，山區交通的建設，礦山的開發和土地整治等等。通過開挖新河、截彎取直、修建大中小型水庫，使一些水系受到了改造；通過礦山的開發、山區鐵路、公路的修建，使一些山體被開挖，另外又使渣石堆積起來；城市垃圾和工廠廢渣的堆積，導致近郊區的大量湖、塘、坑、窪、溝減少；大規模的平整土地和整修梯田也不可忽視。自從人類活動成為一種重要的地貌營力以來，現代地貌過程在常態與超常態破壞力的作用下，變化速率達到十分驚人的地步。

氣候

第一節 ▶ 氣候特徵

　　江西位於長江以南、南嶺以北；境內三面環山，丘陵山地交錯；贛北是具有「中國第一大淡水湖」之稱的鄱陽湖。氣候特徵如下：

一、中亞熱帶季風氣候

　　由於東亞季風環流形勢的影響，全省呈現明顯的中亞濕潤季風氣候。

　　夏季，全省盛行偏南風。主要原因是受太平洋副熱帶高壓控制，來自低緯度洋面上的暖濕氣頻繁登陸影響江西。

　　冬季，全省盛行偏北風，氣候較為寒冷。主要原因是受蒙古高氣壓中心的控制，北部大陸的乾冷氣流長驅直入侵襲省境。

二、四季氣候

　　江西四季分明，夏冬長，春秋短。冬冷、夏熱、春寒、秋燥。

　　春季，氣溫逐漸升高，但受南方暖濕氣流和北方冷空氣活動

頻繁的影響，易形成陰雨低溫甚至強對流天氣，氣溫變化大，雨季開始。

　　夏季，氣溫高，降水多，暴雨頻繁，多洪澇；雨季結束後，接踵而來的是伏旱天氣。夏季多雷雨大風，時有颱風影響。

　　秋季，氣候乾燥，降水少。秋高氣爽，氣候宜人。

　　冬季，氣候寒冷且乾燥少雨，多風雨雪和冰凍天氣。

三、氣候類型複雜多樣

　　江西氣候類型複雜多樣。

　　山地氣候。該氣候資源豐富，氣候變化複雜。主要影響因素是海拔和地形。隨海拔升高，氣溫降低，降水量、雲霧增多，風速則增大。地形影響包括大地形（山脈走向）、小地形（地形形狀）和坡向。該氣候類型的代表有武夷山、井岡山、廬山等。

　　水域小氣候。該氣候類型的代表有鄱陽湖水域等。

　　丘陵區域氣候和盆地氣候。該氣候以贛江流域為代表。

　　森林小氣候。

第二節 ▶ 氣候要素

　　狹義的氣候要素包括空氣溫度、濕度、氣壓、風、雲、霧、日照、降水等。這些參量是目前氣象站所觀測的基本項目。

　　廣義的氣候要素還包括具有能量意義的參量，如太陽輻射、地表蒸發、大氣穩定度、大氣透明度等。

一、氣溫

平均氣溫

全省多年平均氣溫為 16.2℃～19.7℃。最低值出現在銅鼓縣為 16.2℃，最高值出現在于都縣 19.7℃。九江市、景德鎮市及宜春地區西北部的多年平均氣溫為 17.5℃～18.3℃，鷹潭到橫峰縣一帶均在 18℃以上；吉安、贛州兩地區的多年平均氣溫為 18.0℃～19.5℃，贛州、信豐、于都、贛縣、會昌、瑞金等縣市則在 19℃以上。全省各月平均氣溫的年變化是以 1 月最低，7 月最高。

1 月份的平均氣溫為 3.7℃～8.5℃，最低是瑞昌的 3.7℃，尋烏縣最高為 8.5℃，地理分佈差異為 4.8℃。

7 月平均氣溫為 28.0℃～29.5℃。最高為于都的 29.7℃，最低為崇義和虔南的 27.0℃，地理分佈差異為 2.7℃。

最高氣溫

江西年平均最高氣溫為 20.9℃～24.7℃。贛北年平均最高氣溫為 21℃～23℃，贛中為 22℃～24℃，贛南為 23℃～25℃。

江西年極端最高氣溫為 37.5℃～44.9℃。從多年出現的極端最高氣溫來看，贛江中、下游大部分地區在 40℃以上，全省最高值為修水縣的 44.9℃。九江的西北部地區、景德鎮市、上饒地區、萍鄉市、寧岡、永新等縣市出現 40℃以上的高溫，鄱陽湖區及贛南山區較低些。

江西年日最高氣溫≧35℃的歷年平均日數，全省大部分地區在 30～45 天。橫峰最多，安遠最少，相差 38.1 天。

最低氣溫

江西年平均最低氣溫為 12.4℃～16.0℃。贛州市、于都縣最高，達 15℃～16℃；銅鼓最低。

全省歷年極端最低氣溫，贛州地區一般為 -6.0℃～-4.0℃，吉安、撫州兩地區及上饒、宜春兩地區南部一般為 -10.0℃～-6.0℃，上饒、宜春兩地區北部及九江市大部分為 -13.0℃～-10.0℃。全省的最低值出現在彭澤縣，為 -18.9℃。

全省歷年最低氣溫≦0℃平均日數，贛南大部分在 5～20天，其中崇義縣最多達 41 天；贛中大部分年份在 10～35 天之間，其中樂安縣最多達 51 天；贛北除了廬山外大部分年份為 15～45 天之間，其中武寧縣最多年份達 57 天，婺源達 65 天。

積溫

積溫是指日平均氣溫之和，衡量作物生長季長短的標誌。

全省日平均氣溫≧5℃積溫的多年平均值為 5571℃～7086℃，于都最多，銅鼓最少，相差 1515℃。

全省日平均氣溫≧10℃積溫的多年平均值，大部分地區在 5300℃～6300℃之間，最少為銅鼓縣的 5044℃，最多為于都縣的 6339℃，相差 1295℃。

全省平均氣溫在 10℃～20℃之間的積溫，大部分平均在 4500℃～5000℃之間。銅鼓縣的歷年平均值最小僅有 4173℃，于都縣最高達 5490℃，相差 1317℃。

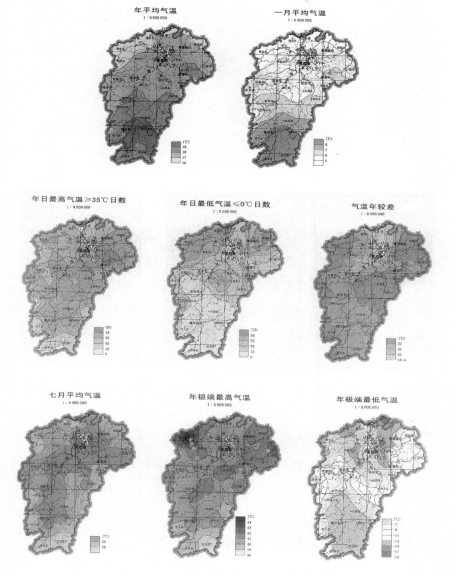

年平均气温
1:8 000 000

一月平均气温
1:8 000 000

年日最高气温≥35℃日数
1:8 000 000

年日最低气温≤0℃日数
1:8 000 000

气温年较差
1:8 000 000

七月平均气温
1:8 000 000

年极端最高气温
1:8 000 000

年极端最低气温
1:8 000 000

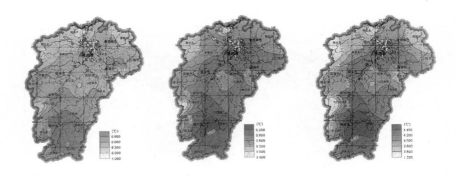

二、降水

降水量

　　江西地處亞熱帶濕潤季風氣候區，降水量較為豐富，為中國的多雨地區之一，全省年降水量為 1341～1939 毫米，最大出現在資溪，最小出現在德安。

　　多年平均降水量最大中心出現在贛東地區，最小中心出現在贛北平原和吉泰盆地。

　　江西年降水變化率為 16%～25%。年變化率最大中心出現在贛北平原和贛南盆地，最小中心出現在贛東北地區和贛西北地區。

　　江西省各地四季降水分配不均，且同一季節各地降水的差異也很懸殊。根據多年平均資料統計，全省 4-6 月降水總量各地在 700～900 毫米，大部分地區占年降水量的 45%～50%；7-9 月是省內的乾旱季節，全省大部分地區此時段降水總量為 300～350 毫米，約占年降水量的 20%。

　　江西各月的降水量一般是上半年（1-6 月）降水量逐月增多，下半年（7-12 月）降水量逐月減少，而且其位相變化與全

省各月平均氣溫的位相變化相似。

降水日數

降水日數是指日降水量≧0.1 毫米的天數，全省多年平均降水日數介於 138～181 天之間。

全省年降水日數最多中心出現在贛東地區和贛西地區，其中資溪縣最多達 182.5 天；最少中心出現在贛北北部地區，其中湖口縣最少為 138.3 天。各地區降水日數的分佈大致如下：贛北地區為 138.3～178.1 天，贛東北地區為 149.7～167.3 天，贛中地區為 157.0～182.5 天，贛東地區為 162.2～182.5 天，贛東南地區為 158.5～165.2 天，贛西北地區是 168.9～181.0 天，贛南地區為 152.9～168.6 天，贛西南地區為 159.7～168.6 天，贛南的「三南」地區為 156.2～167.9 天。

江西四季降水日數分配不均。春季降水日數最多，夏、冬季次之，秋季最少。春季（3、4、5 月）降水日數為 48.4～61.5 天，夏季（6、7、8 月）降水日數 32.5～53.2 天，秋季（9、10、11 月）降水日數為 24.7～35.9 天，冬季（12、1、2 月）降水日數為 29.4～43.5 天。

暴雨日數是指日降水量≧50 毫米的天數。全省年暴雨日數為 2.6～6.3 天，弋陽縣最多，泰和縣最少。各地年暴雨日數的分佈大勢為：贛北地區為 3.5～6.3 天，贛東北地區為 4.7～6.3 天，贛中地區為 2.6～6.1 天，贛東地區為 3.8～6.1 天，贛西北地區是 3.5～5.5 天，贛南地區為 3.6～5.5 天，贛東南地區為 4.5～5.5 天，贛西南地區為 3.0～4.7 天，贛南的「三南」地區為 4.3～4.8 天。

降水強度

降水強度是指單位時間內的降水量。全省各月最大降水量的最高值出現在春、夏兩季，最低值出現在秋、冬兩季。弋陽縣春季5月份最大降水量為816.4毫米，居全年最高值；，新建縣冬季1月份最大降水量為97.4毫米，為全年最低值。

全省年連日最大降水量為294.2～723.2毫米，以豐城市723.2毫米為最大，萬安縣294.2毫米為最小。全省最大中心出現在贛北南部地區和贛西南地區，最小中心出現在吉泰盆地。

降雪

全省初雪期在12月12日至次年1月19日，瑞昌市最早，虔南縣最晚。全省終雪期在2月4日-3月13日，南康市最早，瑞昌市最晚。江西降雪期較短，贛北地區為3～4個月，贛南地區僅1～2個月。

全省多年平均降雪期在1.8～9.9天，最多為武寧縣，最少為龍南和定南縣。地區分佈如下：贛北為5.5～9.9天，贛東北為5.5～8.0天，贛西北為6.9～9.9天，贛中為4.8～8.6天，贛東為6.1～7.2天，贛西為6.5～8.2天，贛南為1.8～6.4天，贛東南為2.0～6.4天，贛西南為2.4～4.8天，「三南」為1.8～2.1天。

積雪

積雪是指降雪達到覆蓋台站四周視野一半以上地面的現象。江西多年平均積雪天數0.4～6.8天，其中彭澤縣最長，尋烏縣最短。

江西平均積雪初期為1月5日至2月1日，北部早，南部

晚；平均積雪終期為 1 月 20 日至 2 月 20 日，南部早，北部晚。
贛北北部和贛西北地區西部為全省積雪日數最長中心，最短中心
則出現在贛東南、贛西南和贛南的「三南」地區。

江西降水情況統計表

		最大地區	最小地區
年降水量	1341～1939 毫米	資溪	德安
年降水變率	16%～25%	豐城、于都、崇義和龍南	萬載和德興
年降水日數	138～181 天	資溪縣	湖口縣
年暴雨日數	2.6～6.3 天	弋陽縣	泰和縣
年連日最大降水量	294.2～723.2 毫米	豐城市	萬安縣
多年平均降雪期	1.8～9.9 天	武寧縣	龍南和定南縣
多年平均積雪天數	0.4～6.8 天	彭澤縣	尋烏縣

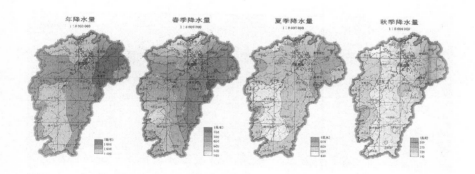

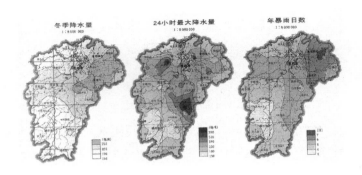

冬季降水量
1：8 000 000

24小时最大降水量
1：8 000 000

年暴雨日数
1：8 000 000

三、蒸發

　　蒸發量是指在一定時段內，水分經蒸發而散佈到空中的量。蒸發量的大小是溫度、風速、飽和差等氣象因子綜合影響的結果。一般溫度越高、濕度越小、風速越大、氣壓越低、則蒸發量就越大；反之蒸發量就越小。

年蒸發量

　　江西多年平均蒸發量介於 1148.6～1973.3 毫米之間（為 E20 型蒸發皿觀測值）。在日照少、風速小的贛西北山區蒸發量很小，其中宜豐縣最少為 1148.6 毫米；贛西山區、贛東北山區、武夷山區西部蒸發量大部分在 1500 毫米以下；年平均蒸發量較大地區位於日照強、風速大的鄱陽湖平原地區，其中南昌最大，為 1973.3 毫米；贛南盆地地區的信豐、于都也是蒸發量的高值區。

季蒸發量

　　春季全省多陰雨天氣，氣溫不高，蒸發量小；夏季氣溫高，又多遇伏旱等影響，7 月份的蒸發量除少數地區外，為全年最大月份，一般達 187.6～286.5 毫米；秋季全省氣溫降低，蒸發量

逐漸減少，但一般情況秋季蒸發量大於春季蒸發量；全省冬季氣溫最低，大部分地區以 1 月份的蒸發量最小，在 70 毫米以下。

月蒸發量

江西各地月蒸發量 7、8 月最大，一般在 200～300 毫米，1、2、3、11、12 月蒸發量小，大都在 100 毫米以下。

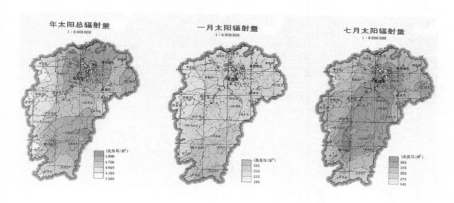

四、濕度

濕度大小取決於空氣中水汽含量的多少及氣溫的高低，通常是以水汽壓和相對濕度來表示。

水汽壓

江西年平均水汽壓為 16.6～19.1 百帕，贛南大、贛北小，平原大、山地小。龍南縣的 19.1 百帕為最大，修水縣的 16.6 百帕為最小。

全省各地年最小水汽壓受新西伯利亞和蒙古冷空氣影響，大都出現在 1 月和 12 月；年最大水汽壓因夏季副高影響，大都出現在七、八月。

江西省各季代表月平均水汽壓地區分佈大勢表

季代表月	水汽壓（百帕）	最大地區	最小地區
1 月	6.2～8.7	贛南的安遠和虔南縣	贛北的星子、湖口、彭澤和德安縣最小
4 月	15.2～18.9	贛南的「三南」地區	贛北的九江市和修水縣
7 月	28.1～31.8	贛北的彭澤和星子縣	贛南的尋烏縣
10 月	15.6～18.7	贛南的安遠、會昌縣和瑞金市	贛北的星子縣

相對濕度

江西多年平均相對濕度介於 75％～83％之間，以宜春、銅鼓、資溪、崇義和寧岡縣年平均相對濕度 83％為全省最大，以星子縣年平均相對濕度 75％為全省最小。

全省各季平均相對濕度以 3～6 月為最大，7～8、10～11 月為最小。即春最大，夏最小，冬、秋兩季介於春、夏兩季之間。

五、氣壓

年平均氣壓

江西多年平均氣壓為 979.8～1014.1 百帕，彭澤為最高，尋烏為最低，相差 34.3 百帕。鄱陽湖地區為氣壓大值區；贛西北山區、贛東部山區、贛中西部和贛南周邊地區為氣壓低值區。

季平均氣壓

各季以鄱陽湖地區的彭澤縣（冬 1024.2 百帕、春 1013.1 百帕、夏 1017.4 百帕和餘干縣的夏季 1002.2 百帕）為最大，以尋烏縣（冬季 986.9 百帕、春季 979.3 百帕、夏季 971.8 百帕和秋季 981.8 百帕）為最小。全省各地平均氣壓是冬季高、夏季低，春秋兩季氣壓介於冬夏兩季之間。

年最高、最低氣壓

江西歷年年最高氣壓是 1000.3～1043.7 百帕，年最低氣壓為 954.1～990.9 百帕。

六、風

風輸送著不同的氣團，使空氣中的熱量和水分相互交換，由此形成不同的天氣現象和氣候特徵。中國俗語有云：「北風變寒，南風轉暖，東風主雨，西風主晴。」

風向

江西地處季風氣候區，冬季盛行偏北風，夏季盛行偏南風。但是由於各地地貌的影響，部分地區年最多風向為偏南風或偏東風，例如橫峰、鉛山、貴溪、弋陽和吉水多為偏東風。

年平均風速

江西多年平均風速介於 1.0～3.8 米／秒之間。全省以鄱陽湖區的平均風速最大，贛西北、贛東北等丘陵山地的年平均風速較小。全省各地年平均風速以星子縣年平均風速 3.8 米／秒為全省最大，德興市 1.0 米／秒為全省最小。廬山因海拔影響高達 5.2 米／秒除外。

季平均風速

全省各地春季為 1.1～3.7 米／秒，星子縣最大，于都縣和德興市最小；夏季為 1.2～3.7 米／秒，萬安縣最大，德興市和尋烏縣最小；秋季為 0.9～4.3 米／秒，星子縣最大，銅鼓縣和德興市最小；冬季為 0.9～4.1 米／秒，其中星子縣最大，德安市最小。

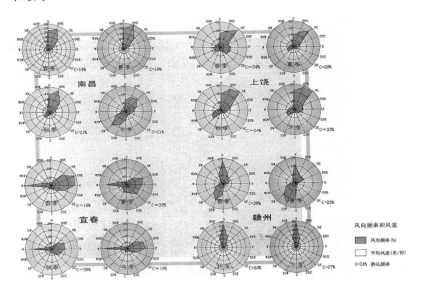

七、日照

日照充足

江西日照比較充足，但是日照的時空分佈不均勻。全年平均日照時數介於 1473～2078 小時之間，日照百分率為 33%～47%；氣溫≥10℃時期的日照時數也有 1090～1600 小時。總的分佈為：鄱陽湖區大部分、贛州地區東北部、贛北東部部分地區

及南豐縣全年日照時數超過 1900 小時，為全省日照多的地區，其中彭澤、都昌、鄱陽、樂平等地年平均日照超過 2000 小時，日照百分率大於 45%；贛西的萍鄉、寧岡等地和撫州地區的局部地區如宜黃、資溪等地年日照時數不足 1700 小時，其中尤以崇義（1473 小時）、銅鼓（1496 小時）為全省最少，兩地日照百分率分別為 33%和 34%；全省其他地區年日照為 1700～1900 小時，日照百分率為 40%～43%。

四季日照時數分佈不均

江西四季日照時數分佈不均，夏秋最多，冬春少，夏季多於秋季；春季多於冬季。春夏兩季南部少，北部多，山地少，平原多；秋冬兩季西部少，東部多。

春季平均日照時數為 264.2～425.9 小時，最多出現在彭澤，最少出現在崇義。

夏季為 534.7～729.5 小時，最多出現在都昌，最少出現在崇義。

秋季為 395.2～559.3 小時，最多出現在都昌，最少出現在銅鼓。

冬季為 232.6～385.1 小時，最多出現在彭澤，最少出現在萍鄉。

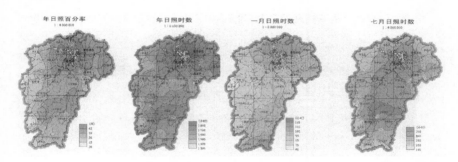

八、太陽輻射

年太陽輻射總量

江西太陽輻射時空分佈呈現北部相對偏強、南部相對偏弱的特點。全省年太陽輻射總量為 4057～4794 兆焦耳／平方米。

月（季）太陽輻射總量

江西太陽輻射夏季最多，冬季最少。全省 1、2 月輻射最弱，僅 205～285 兆焦耳／平方米；7、8 月輻射最強，月輻射量達 511～641 兆焦耳／平方米。

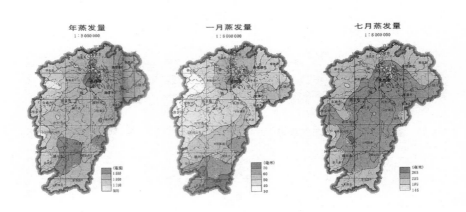

第三節 ▶ 主要災害天氣

江西省不同地區每年都有不同程度的氣象災害發生。2006 年版《中國氣象災害大典・江西卷》就講到：「江西是國內多氣象災害地區之一，表現在氣象災害種類較多，發生頻繁，危害極其嚴重。江西氣候災害占整個自然災害的 70％，加上次生災

害，占自然災害的比例高達 85％。」[1]其中主要的是寒潮、暴雨和洪澇、乾旱與高溫、颱風、雷電等災害性天氣。

一、寒潮

寒潮，是指由於受冬季西伯利亞和蒙古強冷空氣在西北氣流引導下，暴發南下入侵所造成的強烈降溫。按照全國氣象部門的規定，當 24 小時內降溫在 10℃以上，且過程最低氣溫在 5℃以下時，稱之為寒潮。春季、夏初、秋末時節是我省的寒潮主要發生時期，稱為春寒、小滿寒和寒露風等。

春寒

春寒是指每年 3 月中旬至 4 月上旬出現氣溫連續 5 天以上低於 10℃或伴有雨雪的低溫陰雨天氣。該天氣不利於春播生產。春寒又稱為「春分寒」和「清明寒」兩種，其中以春分寒居多。

江西的春寒從地理分佈上來看，自北向南減少，贛北基本上三年兩遇，贛中兩年一遇，贛南三年一遇。江西出現較為嚴重的春寒天氣的年份有 1953、1955、1956、1960、1961、1965、1966、1970、1972、1974、1976、1980、1987、1988、1991、1992、1993、1994、1996、1997、1998、1999 年等。

小滿寒

小滿寒是指 5 月中旬到 6 月上旬出現的氣溫連續三天低於或

---

1 中國氣象災害大典編委會：《中國氣象災害大典・江西卷》，氣象出版社，2006 年版。

等於 20℃，或最低氣溫低於 17℃的天氣現象。該天氣對早稻的孕穗發育極為不利。其出現頻率，贛東北和贛西北地區小滿寒鋼彈 60％～70％，贛中 40％～50％、贛南 20％～30％。

全省出現小滿寒較為嚴重的年份有 1953、1954、1956、1958、1959、1960、1966、1968、1971、1972、1973、1975、1977、1978、1979、1981、1982、1984、1988、1990、1993　年等。

寒露風

寒露風是指每年 9 月中下旬出現的北方第一次強冷空氣南下侵入江西而造成的低溫天氣過程。該天氣容易引起晚稻減產。全省寒露風出現嚴重的年份有 1952、1957、1965、1970、1971、1974、1980、1981、1985、1988、1994 年等。

新中國成立後的兩次特大低溫凍害天氣

一是 1991 年 12 月底至 1992 年初的特強冷空氣南下而出現的凍害。全省降雪也較大、日平均氣溫下降幅度達 13℃～16℃，致使新幹縣 6667 公頃橘園遭凍害，70％以上柑橘樹梢被凍死；南豐縣 4800 公頃橘樹遭凍害；宜春地區計有 1.3 萬公頃的柑橘受害；贛中、贛南的 6.2 萬公頃橘樹也受到不同程度的凍害。「全省僅此次凍害造成的經濟損失 10 億元以上，如果將林業及其他各項損失計入，由於低溫造成的經濟損失估算超過 15 億元。」[2]

---

2 江西省地方志編纂委員會：《江西省自然地理志》，方志出版社，2003 年版，第 77 頁。

二是 2008 年 1 月 12 日至 2 月 2 日的持續低溫、雨雪、冰凍災害性天氣。1 月 12 日至 2 月 2 日，全省平均降雨（雪）量為 127 毫米，較歷年同期偏多 1.25 倍。全省平均氣溫為 1.7℃，偏低 4.0℃，為歷史同期新低。全省因災直接經濟損 302.37 億元（不包括廠礦企業損失），其中農業經濟損失 109.79 億元，林業經濟損失 112.69 億元，交通、電力、教育、衛生、廣電等行業，以及城鄉居民房屋倒塌和城鎮公共基礎設施建設損失也十分嚴重。到 2 月 3 日全省雨雪天氣基本結束後，積雪及冰凍仍然存在。經統計發現，此次過程持續時間之長、影響範圍之廣，均排歷史第一位。

1980-2000 年間 11 月至次年 3 月南昌寒潮天氣過程（單位：℃）

出現時間	日最大降溫	過程降溫	過程最低氣溫
1980.1.27-31	6.8	14.3	−5.7
1982.3.23-25	13.6	15.1	3.1
1982.12.5-6	5.2	11.0	−0.9
1984.1.14-19	4.0	10.3	−1.9
1984.12.14-20	2.9	10.2	−1.7
1985.2.13-18	6.0	13.1	−1.2
1985.12.5-10	6.8	15.1	−3.0
1986.12.13-20	3.0	12.3	−1.1
1987.11.28-30	10.1	20.8	−0.3
1988.3.15-17	17.0	19.6	1.7
1989.1.11-13	5.8	10.4	−2.3
1990.1.28-31	6.5	10.9	−2.5

續上表

出現時間	日最大降溫	過程降溫	過程最低氣溫
1991.3.7-8	12.3	12.3	4.9
1991.12.23-29	4.2	16.6	−9.7
1992.1.29-2.1	7.2	14.9	−0.5
1992.3.1-5	7.8	14.0	2.1
1992.3.15-18	11.4	15.3	1.7
1995.11.18-24	4.4	10.1	0.0
1996.2.14-18	9.2	21.3	−2.4
1996.3.7-9	10.2	17.1	3.2
1998.3.18-21	10.8	15.0	0.8
1998.11.30-12.3	10.1	12.1	2.0
1999.3.5-9	9.5	14.4	4.5
1999.3.18-20	9.2	14.0	4.7
1999.11.24-28	6.2	14.4	3.8
1999.12.16-20	4.7	12.4	−1.7

二、暴雨和洪澇

　　造成洪澇災害的因素是多方面的，除氣象因素外，還有水土流失、環境破壞，以及湖泊蓄洪能力的高低等因素。但從歷史事實來看，持續時間長、強度大的暴雨、大暴雨天氣過程往往是造成洪澇災害的主要原因。江西汛期暴雨發生頻繁，所以洪澇災害也經常出現在汛期。江西地形複雜，加上受季風環流影響，全省各地降水不僅地域差異明顯，而且季節分佈不均，江西 4-6 月為雨季，多洪澇災害，而 7-9 月為少雨期，多乾旱災害。因而江西

旱澇災害較頻繁。總的來說，江西自南向北傾斜，南部高，北部低，而江西雨季是隨著西太平洋副熱帶高壓自南向北推進，因而，南部雨季開始早，北部雨季開始晚。而雨季汛期結束期同樣是自南向北結束，南部早，北部晚。因而江西的旱澇分佈規律是：贛北洪澇頻數多於贛中和贛南，洪澇的危害程度也是北部重於中部和南部。相反，江西北部的乾旱頻數則少於中部和南部，乾旱危險程度則是中部南部重於北部。

暴雨

氣象部門規定，24 小時降水量≧50 毫米為暴雨；≧100 毫米，＜200 毫米為大暴雨；≧200 毫米為特大暴雨。

江西暴雨和大暴雨的平均日數有明顯的地域分佈特徵，表現為北多南少，其中北部又呈東多西少的分佈，即上饒和撫州北部最多。特大暴雨主要集中在贛北和撫州地區，贛中西部和贛南極為少見。

受地貌等條件影響，全省大暴雨出現日數存在明顯的地區差異，具體如下：

地區	天數（天）	最多縣	最少縣
贛北地區	0.3～1.1	新建縣	彭澤縣
贛西北地區	0.5～1.0	靖安縣	高安、宜豐、上高、萬載
贛東北地區	0.5～1.2	景德鎮市和婺源、德興、萬年、橫峰縣	廣豐縣
贛中地區	0.1～1.0	臨川縣	泰和縣
贛西地區	0.2～0.8	蓮花縣	寧岡縣
贛東地區	0.6～0.9	資溪和廣昌縣	南城縣

續上表

地區	天數（天）	最多縣	最少縣
贛南地區	0.1～0.6	寧都縣	贛州市
贛東南地區	0.4～0.7	尋烏縣	石城縣和會昌縣
贛西南地區	0.1～0.4	崇義縣	上猶縣
「三南」地區	0.5～0.6	定南縣	龍南和虔南

洪澇

洪澇災害是江西主要的自然災害之一，也是全省最為嚴重的災害性天氣之一。每年 4-6 月份雨季期間，如出現強度大、範圍廣和持續時間長的暴雨、大暴雨降水過程時，雨量大且集中，江河湖泊水位瞬時猛漲，短時間內難以排泄出去，必然發生洪澇災害，極大地危害著工農業生產和人民生命財產安全。

根據江西的旱澇標準，1951-2000 年中出現全省性洪澇年有 1954、1961、1962、1973、1977、1980、1982、1983、1988、1989、1990、1992、1993、1994、1995、1996、1997、1998、1999 等共 19 年。其中 1954 年和 1998 年為長江全流域的特大洪澇年。

1954、1998 年江西特大洪水年

1954 年長江、鄱陽湖大水，水量之大，水位之高，持續時間之長，均為當時歷史之最。全省共組織 342 萬人參加抗洪搶險。全省淹田 52.69 萬公頃，成災面積 35.4 萬公頃。顆粒無收 19.6 萬公頃，因災減產 2.187 億公斤糧食，轉移安置災民 100.17 萬人。

1997 年 11 月至 1998 年 3 月，江西降水異常偏多。這段時間的降水量，創歷史同期最大值。2 月下旬、3 月上旬降水量較為集中，2 月 15 日至 23 日出現連續性降雨。3 月 6 日至 9 日受西南暖濕氣流影響，全國出現連續性降水，過程中全省出現暴雨 56 站次，大暴雨 4 站次。造成因洪澇死亡 5 人，傷病 542 人，倒塌房屋 2894 間，損壞 7927 間，農作物受災 70320 公頃，死亡大牲畜 7294 頭，直接經濟損失 2.32 億元。此外還沖毀橋樑 91 座，毀壞路基 215 千米，損壞輸電線杆 207 根，損壞通訊線路 560 桿計 45.6 千米。

　　6 月 12 日至 27 日出現連續性大降水，降水集中期是近 48 年來洪澇最嚴重的一次。7 月 17 日至 8 月 1 日又出現連續性大降水，持續 15 天。這兩次洪水，使得 12229 個村莊被洪水圍困，有 35 座縣城先後進水受淹。

　　6 月至 8 月的洪澇災害，使得省境內鷹潭廈門鐵路 2 次中斷營運達 30 小時，浙贛鐵路中斷營運 6 小時，京九線昌九段也一度中斷營運，206、319、316 國道等主幹道被沖垮，有的中斷數日。7 月的連續暴雨，致使全省有 44 條公路不能正常通車。全省沖毀公路路基 1491 千米，沖毀輸電線路 773 千米，通訊線路 174 千米。

三、乾旱與高溫

　　江西的盛夏高溫乾旱季節一般從 6 月底到 7 月初開始，是影響江西農業生產晚稻高產的主要氣候災害之一。這種天氣主要出現在每年的 7 月和 8 月，20 世紀 60 年代偏多，50 年代、70 至

90 年代偏少，進入 21 世紀後又呈上升趨勢。

乾旱

乾旱分為伏旱和秋旱。一般來說，伏旱是出現在雨季結束以後到 8 月上旬的乾旱，秋旱是出現在 8 月中旬到 10 月的乾旱。江西歷史上出現乾旱次數比較多，12 世紀到 20 世紀，每個世紀都發生重大旱災 7-32 次，大約每 5.6 年發生一次，且發生頻率愈來愈頻繁。

江西 1951-2000 年中出現全省性大乾旱年的有 1951、1956、1957、1958、1961、1963、1978、1985、1986、1988、1989、1990、1991、1992、1994、2000 年等共 16 個年頭。其中，1963、1978 和 1986 年為江西歷史罕見的特大乾旱年。以 1986 年為例，全省旱災面積達 96 萬公頃，糧食減產 24×10 7 公斤。

高溫

當日平均氣溫≧30℃、極端最高氣溫高於 35℃，日平均相對濕度≦70%，或 14 時相對濕度≦50%，即為高溫逼熱。全省各地出現高溫的月份主要是 7、8 兩月。7 月份高溫對早稻成熟危害較大，8 月份的高溫對晚稻生長影響較大。

1986 年乾旱

1986 年，全省 42 個縣市在旱季（7、8、9 月）雨量偏少兩成以上的，21 個縣市連續 60～70 天未下過透雨，其中 11 個縣市旱情特重。重旱區在吉泰盆地、贛州盆地及武夷山西側。全省旱災面積 96 萬公頃，絕收 23.3 萬公頃，受災人口達 1214 萬，其經濟損失超過 3 億元，是繼 1978 年後災情最嚴重的一年。

四、颱風

中國的颱風災害出現在五至十月，集中出現在七至九月，尤以八月份最為嚴重。地處內地的江西，每年夏末秋初也受到颱風的影響。颱風雖然是一種災害性天氣過程，但對江西全省來說，大多數年颱風帶來的降水卻可以緩解或解除全省高溫乾旱。

江西颱風有四條路徑。

第一是西太平洋洋面上形成的熱帶氣旋或颱風向西移動，在廣東汕頭以北登陸，侵入江西南部或廣東北部後西行消失，影響贛南和贛中南部地區，產生降水。此類颱風從形成到消失約二至六天。

第二是形成在台灣以東、菲律賓以北洋面上的風，從汕頭到福州之間登陸，登陸後繼續往西北方向移動，進入江西或浙江西部轉向東北方向入海。此路颱風從形成到消失約五至七天影響贛東北地區，產生降水，如其在武夷山東麓消失，則撫州地區東部可出現降水過程。

第三是西太平洋進入南海或在南海生成颱風，由珠江口附近登陸轉向東北方向出海，或在廣東北部、江西、湖南省境內消失，可影響江西贛南地區出現降水過程。

第四是西太平洋面上形成的颱風，在福州和杭州灣之間登陸，向西北方向移動，穿過江西、湖北或繼續深入內陸而消失，對贛北地區降水過程有很大的影響。

自一九五一至二〇〇〇年，入侵江西的颱風共有六十二次，平均每年一點二次。

1998 年永豐縣颱風

　　永豐縣南部龍港、君埠、衛固等鄉鎮八月五日至六日，受第二號颱風影響，降大暴雨，造成山洪暴發，成災嚴重。九點六萬人受災，倒塌房屋兩百五十六間，農作物受災面積三百六十七點三公頃，損壞輸電線路四十七千米，直接經濟損失一千〇二十八萬元。

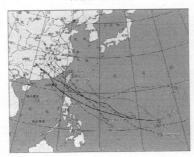
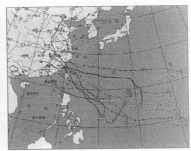

7月部分台风路径　　　　　　　　8月部分台风路径

五、大風與冰雹

大風

　　大風是指瞬間風速達到或超過十七米／秒、或風力達到或超過八級的風。該天氣的出現對農作物正常的生長及居民房屋、交通郵電設施危害大。

　　全省大風天氣由於地形地貌呈現從北向南呈狹長的帶狀分佈趨勢；北部多於南部；易發區主要分佈於中北部的地勢平整地區，其中鄱陽湖平原成為江西大風的多發區，吉泰盆地和撫河河谷成為大風的次多發區。大風最多的是廬山（四千七百九十五次），其次是鄱陽湖湖口的星子縣（一千七百二十九次）。

省內出現的大風主要有寒潮大風和雷雨大風兩種類型。其中寒潮大風是秋、冬季節由北方而來的強冷空氣活動所造成的。贛北是冷空氣入侵江西的大門，西北部的幕阜山和東北部的黃山山脈阻擋了冷空氣的南下。冷空氣可以從鄱陽湖口入侵後長驅直入，鄱陽湖區地勢平坦，加上寬闊的水面摩擦係數小，所以在濱湖平原地區常常出現寒潮、強冷空氣大風。雷雨大風是春、夏季節由於強對流天氣造成的。由於受切變線的影響，全省各地往往出現雷雨大風或冰雹。

冰雹

冰雹是指堅硬的球狀、錐狀或形狀不規則的固態降水。

江西冰雹主要路徑一般走向為自西南向東北方向，也有自北向南的。

全省有四個降雹中心：一是井岡山以北與吉泰盆地的交界地帶，冰雹出現最多的是泰和縣；二是宜豐和高安市一帶，中心在宜豐縣，出現 18 年次；三是贛撫平原與撫州市北部山麓交界地帶，其中崇仁、南城兩縣均出現 17 年次；四是鄱陽湖南岸與平原交界地帶。

江西省冰雹出現的站數，總體呈下降趨勢，但年際差異較大，平均每年出現冰雹天氣 19.7 站次。其中冰雹災害較嚴重的年份有 1967 年、1969 年、1979 年、1983 年、1987 年、1998 年，冰雹災害較輕的年份有 1965 年、1974 年、1977 年、1990 年、2000 年和 2001 年。

個例：1990 年大風和冰雹

1990 年全省風雹出現較多的時段為 3 月底至四月初、6 月中

旬、7 月上中旬、8 月上中旬和 11 月上旬，直接經濟損失 3000
多萬元人民幣。「泰和縣於當年 3 月 22 日 16 時就在螺溪鄉出現
雷雨大風和冰雹，雹的最大直徑達 5 公分，倒塌房屋 10 棟，掀
掉屋瓦 136.9 萬片，打死生豬 44 頭，連根拔起直徑 10 公分的柳
樹 400 株，損壞油菜 346.7 公頃，豌豆 28.7 公頃。」[3]

江西氣候分區表

氣候分區	區域範圍	氣候特點	主要災害
贛北氣候區	包括彭澤、湖口、都昌、星子、九江、九江市區、瑞昌、德安、永修、鄱陽、樂平、萬年、餘干、余江、臨川、撫州市區，進賢、東鄉、豐城、樟樹、高安、安義、新建、南昌和南昌市等 25 個縣市（區）。	第一，日照充足，光能資源豐富。該區是全省光照條件最優越的氣候區。第二，冬冷夏熱，大於等於 10℃積溫高。第三，降水較充沛，但季節分配不均。	低溫、霜凍、水旱等。
贛西北氣候區	修水、武寧、銅鼓、靖安、奉新、宜豐、上高、萬載、新余、豐宜、宜春、萍鄉等 12 個縣市。	第一，光照資源比較豐富，生產潛力很大。第二，平均溫度較低。該區年平均氣溫為 16.3℃～17.9℃。第三，降水地區分佈不均，年際變化大。	春寒、洪澇、伏秋旱、秋季低溫和凍害等。
贛東北氣候區	包括婺源、德興、玉山、廣豐、上饒、上饒市、橫峰、鉛山、弋陽、貴溪、鷹潭和景德鎮等 12 縣市。	該氣候區南北狹長，氣候特點與贛西北氣候區相似，但氣溫較高，降水量較多。	低溫、洪澇和乾旱等。

---

3 中國氣象災害大典編委會：《中國氣象災害大典・江西卷》，氣象出版社 2006 年版，第 319 頁。

續上表

氣候分區	區域範圍	氣候特點	主要災害
贛中西部氣候區	包括吉安、泰和、吉安市區、萬安、吉水、永豐、峽江、安福、新幹、蓮花、寧岡、井岡山等。	氣候條件具有明顯的南北過渡性特徵。該氣候區氣候資源濕潤，農業氣候條件較為優越。	低溫、洪澇和乾旱等。
贛中東部氣候區	主要包括金溪、資溪、黎川、南豐、南城、崇仁、宜黃、樂安、寧都、廣昌、石城等 11 個縣。	該氣候區範圍區內熱量分佈複雜，降水尤為豐沛。全年平均日照時數為 1649～1825 小時，日照百分率為 40% 左右。年平均氣溫 17.0℃～18.1℃，年平均降水量為 1604～1934 毫米，為全省降水量最多的地區，特別是資溪縣的年降水量為全省之冠。	春寒、洪澇和乾旱。
贛南氣候區	主要包括贛縣、贛州市區、上猶、南康、大庾、信豐、瑞金、會昌、安遠、于都、興國、虔南、龍南、定南、尋烏、遂川等縣市。	該區緯度偏南，接近南亞熱帶，其氣候特點為冬季較溫暖，有效積溫多，無霜期長，降水豐沛，四季較濕潤。氣溫年均差為全省最小的一個氣候區。	乾旱。

江西省各地區氣候基本情況（2008 年）[4]

地區	年平均氣溫 (℃)／▽T	年降水量 (mm)／▽R	年日照時數 (h)／▽S	年平均相對濕度 (%)／▽U	重大災害性天氣（站次）					
					暴雨	大風	冰雹	大霧	大雪	雷暴
合計					437	127	7	1322	144	4135

4　《2009 年江西統計年鑑》，中國統計出版社，2009 年版，第 190 頁。

續上表

地區	年平均氣溫 (℃) /∇T	年降水量 (mm) /∇R	年日照時數 (h) /∇S	年平均相對濕度 (%) /∇U	重大災害性天氣（站次）					
					暴雨	大風	冰雹	大霧	大雪	雷暴
全省平均	18.7／0.8	1520.3／−158.2	1750.2／66.3	72／−6						
南昌市	18.5／0.9	1356.1／−268.3	2118.2／297.8	69／−8	27	4	1	36	41	208
景德鎮市	18.3／0.9	1672.7／−153.7	1949.7／152.3	72／−6	18	1		20	4	99
萍鄉市	18.4／1.1	1506.1／−97.1	1605.5／152.7	78／−4	8	4	1	27	2	102
九江市	18.1／0.9	1317.6／−154.7	1632.8／−93.1	70／−7	37	66	2	336	14	427
新余市	19.1／1.2	1495.1／−116.8	1621.4／22.6	67／−12	13			20	1	85
鷹潭市	19	1702.5	1785.9	69	20	1		33	7	138
贛州市	19.6／0.2	1297.9／−163.3	1860.3／81.9	67／−9	86	9	3	147	3	907
吉安市	19.0／0.6	1519.2／−0.4	1695.5／55.2	78／−1	53	6		182	26	581
宜春市	18.1／0.9	1476.5／−153.5	1464.3／−98.9	78／−2	36	11		185	14	51
撫州市	18.8／0.9	1536.2／−279.4	1664.2／23.4	71／−10	65	14		196	12	485
上饒市	18.3／0.6	1645.4／−194.3	1854.1／39.2	72／−6	74	11		140	20	589

　　註：∇T、∇R、∇S、∇U 分別表示年度平均氣溫、降水量、日照時數、平均相對氣溫與近三十年情況比較的偏差值，其中鷹潭為新建站點，無歷史記錄，這幾項空缺。

水文

第一節 ▶ 河流

　　水系是江、河、湖、海、水庫、渠道、池塘、水井等及其附屬物和水文資料的總稱。現先介紹江西河流。江西有大小干支流2400餘條，總長約18400千米，其中在省內長30千米以上者282條。

贛江

　　贛江古稱揚漢（楊漢）、湖漢、贛水、豫章水等，是江西省第一大河，入鄱陽湖五大河流之首，長江八大支流之一。位於長江以南、南嶺以北。出自廣東省毗連江西南部的大庾嶺的西源章水與出自江西省武夷山區的石城縣的贛源嶧的東源貢水，在贛州匯合，向北入鄱陽湖，後注入長江。贛江干支流自南向北，流經47個縣市。贛江主河道長823千米，流域面積82809平方千米，占全省總面積50％。

　　近代一般以贛州和新幹為界，把贛江分為三段，上游312千米、中游303千米、下游208千米。

　　上游是指贛州以上，東源貢水為主河道，流域面積27095平方千米，河段長312千米。湘水、濂水、梅江、平江、桃江、章

水等主要支流沿途匯入。

　　贛州市至新幹縣為贛江中游，河段長 303 千米。東岸的孤江、烏江和西岸的遂川江、蜀水及禾水等較大支流沿途匯入。

　　贛江在新幹以下稱為下游，長 208 千米，有袁河、錦江等匯入。

　　贛江有 30 千米以上的不同級別的支流 127 條。

撫河

　　古名汝水等。江西省五大河流之一，發育於武夷山與雩山之間的谷地。隋開皇九年（589）置撫州後，遂稱撫河。河長 348 千米，干支流遍 15 個縣市，流域面積 16493 平方千米，占全省總面積的 10％。

　　通常以南城的萬年橋和臨川為界，分為上、中、下游：上游 157 千米，流經低山丘陵地區；中下游共 191 千米，流淌於平原地區。

　　撫河以龍井河—驛前河—旴江—旴江為源河。南豐縣境內納窯港水、石咀水、九劇水、蒼浪水，在南城境內納黎灘河。過萬年橋，即進入中游。

　　流淌於平原地區的撫河中下游全長 191 千米，沿途有蘆河、金溪水、夢溪、臨水、雲山河等納入。

　　值得注意的是 20 世紀五六十年代撫河主流改道。「另一汊經南昌市區進入贛江，沿途還有不少大分汊，水流紊亂，常成水患。20 世紀 50-60 年代整治贛撫平原時，將撫河主流改道在進賢架橋東流北折入南昌縣青嵐湖，再經金溪湖通鄱陽湖；並在王家洲箭江口建閘控制進入南昌市的汊流；還有金溪和臨川的撫河

東岸修鑿了與撫河平行的金臨渠，以增強洩洪和灌溉能力；在下游建焦石攔河壩，引水灌溉贛撫平原灌區。」[1]

信江

古名余汗水、餘水、信河等，江西省五大河流之一。信江發育於懷玉山與武夷山之間的谷地，全長 359 千米，干支流遍及玉山、廣豐、橫峰、上饒縣、上饒市區、鉛山、弋陽、貴溪、鷹潭、東鄉、資溪、金溪、餘干、余江、鄱陽等縣市，流域面積 17599 平方千米，占全省總面積的 10%。

通常以上饒與鷹潭兩市為界，分為上、中、下游，上游穿越低山丘陵地帶，中游流經紅色盆地，下游奔流於濱湖平原。流域內，山區占 40%，丘陵占 35%，平原占 25%。豐溪、鉛山河、葛溪與、白塔河等支流沿途納入。

其中白塔河在貴溪和余江的東西兩岸於 20 世紀 50-60 年代修建了東渠、西渠和總渠，總長 102 千米，可灌溉農田 1.33 萬公頃。

饒河

饒河古稱番水、鄱水、鄱江，江西省五大河流之一。發源於皖贛交界婺源縣五龍山。其主河道長 299 千米，在江西境內的流域面積是 15300 平方千米，占全省總面積的 7.9%。饒河由樂安河與昌河會合而成（其中會合後的饒河僅長 33 千米），其干支

1 江西省地方志編纂委員會：《江西省自然地理志》，方志出版社，2003年版，第 94 頁。

流在省內遍及婺源、德興、玉山、樂平、弋陽、萬年、浮梁、景德鎮、餘干、鄱陽等 10 個縣市。會合後向西北流經鄱陽鎮，至堯山劉家分為兩支，南支為主河道，向西經龍口入鄱陽湖；北支則經聶家、羅潭等地後入鄱陽湖。

樂安河為饒河南支，全長 279 千米，流域面積 8989 平方公里。發源於婺源縣北部，因流經古余汗縣樂安鄉而名。主要支流有賦春水、長樂水等。

昌江為饒河的北支，全長 253 千米。發源於安徽昌門（今祁門）的大洪嶺，南流入江西的浮梁後始稱昌江，納北河、建師港和東河後入景德鎮，又納西河和南河，再入鄱陽，納濱田水至姚公渡與樂安河匯合成饒河。

修水

江西省五大河流之一。因水流修長亦稱修河。它發育於幕阜山與九嶺山之間的谷地，以 津河為源河，發源於修水縣西的幕阜山西段黃龍山。長 419 千米，流域面積 14797 平方千米，占全省面積的 8.9%。流經修水、武寧、柘林水庫，在吳城鎮入鄱陽湖。

通常以修水義寧鎮和永修的柘林鎮為界，分為上、中、下游。

錦江

又稱瑞河、蜀江、濁水。係贛江一級支流，發源於江西湖南交界處的幕阜山區的坪子嶺。自西向東流經慈化，萬載的株潭鎮、潭埠鎮和萬載縣城，經徐家渡、凌江口、上高、灰埠、高安、松湖、新建等地，於新建縣的瑞河口匯入贛江。流域呈現狹

長葉狀，地勢由西北向東南傾斜，多數山脈為東西走向。錦江流域內水力資源豐富，流域面積 7886 平方千米，主河道長 307 千米。

桃江

古稱彭水，係贛江一級支流。古時以為發源於廣東省翁源、連平交界的冬桃山而名，實際上發源於虔南縣的九連山飯池嶂，流域面積 7864 平方千米，主河道長 305 千米。沿途納納渥江和濂江而北上，過龍頭，有一段江窄水急灘險稱為「百丈龍灘」。

禾水

又名文匯河，係贛江一級支流，吉安市五大河流之一。發源於蓮花縣楊梅山，古人以為源出永新禾山而名。其源河琴水，先後納永新黃陂水（龍源口水）和蓉江河、吉安龍陂河（又名秋蘭江）、泰和牛吼江、吉安縣瀘水，最終于吉安市神崗山入贛江。流域面積 9103 平方千米，主河道長 256 千米。

梅江

亦稱梅川、梅川江、漢水、寧都江，係贛江一級支流。源河肖田河，發源於寧都北緣的王陂嶂南麓，主河道長 240 千米，流域面積 7121 平方千米。自北向南貫穿寧都縣腹地，經瑞金市瑞林鄉，過于都縣曲陽等 7 個鄉鎮，至于都縣貢江鎮龍舌咀入貢水。

梅江自河源到河口共匯入了流域面積達 100 平方千米的河流 19 條。

章水

古稱贛水、豫章水、貢水等，又名蓉江，係贛江一級支流。

章水發源於崇義縣聶都山東段的章水源南流至聶都鎮，章水流域面積 7770 平方千米，主河道長 235 千米。以沙溪為源河，沙溪江至江口納西來的白溪後始稱章水，向東南流經大庾、南康，納上猶江等，後入贛江市，在八境台下與貢水會合成贛江。

遂川江

亦稱遂川、遂水，古名龍泉江，係贛江一級支流。發源於湖南省桂東縣北部的龍潭腦。遂川江流域面積是 2882 平方千米，主河道長 176 千米。

其二源現名左溪和右溪，以右溪為正源。左右溪匯合後，經遂川的營盤圩、七嶺、滁州，井岡山市的下七，遂川縣的七坪、大坑、盆珠、泉江鎮、于闐等地，沿途納大汾水、左溪、金沙江，碧洲水，過夏溪，至萬安羅塘鄉的寨頭村入贛江。

烏江

係贛江一級支流，吉安市五大河流之一。發源於永豐縣中村鄉的社會坑與寧都縣交界處，流經永豐縣的中村鄉，樂安縣的招攜鄉、牛田鎮，向西流經永豐縣的七都鄉、恩江鎮，折向西南過富溪江、八江鄉，最後在吉安縣的於文峰鎮南面注入贛江。烏江流域面積 3883 平方千米，主河道長 171 千米。水系發達，流域面積在 100 平方千米以上的支流就有 10 條，10～100 平方千米的有 93 條之多。

孤江

又稱瀧江、蘆水、明德江，係贛江中游載的一級支流，吉安市五大河流之一。因近旁無其他大河而名，發源於興國縣良鄉村上游 10 千米的田心坪山中，自東南向西北流，經興國、永豐、

吉水、吉安，於青原區富灘鎮張家渡注入贛江。孤江流域面積3103平方千米，主河道長162千米。

瀘水

瀘水係贛江二級支流，禾水一級支流，發源於安福縣五里山，自西向東流向。經安福縣、吉安縣，於吉安曲瀨鄉江口納入禾水。流域面積3400平方千米，主河道長度160千米。

蜀水

又稱衙前水，在萬安境內亦稱梅烏江，係贛江一級支流，吉安市五大河流之一。蜀水流域面積1301平方千米，主河道長度152千米。

平江

又名平固江。因流經平固縣（今興國縣）而名。係贛江一級支流。發源於寧都縣璜陂鄉，主河道長148千米，流域面積2851平方千米。通常以瀲水為正源，自東北向西南流經興國縣城，在贛縣江口鎮江口塘注入貢水。平江流域是江西水土流失最嚴重的地區之一。

湘水

又名湘江、雁門水，係贛江一級支流。因韓湘子游居羊角漢仙岩修練成仙而得名。發源於尋烏縣羅珊鄉天湖下。主河道長105千米，流域面積2029平方千米。流域上游是中低山區，中下游是丘陵平原。

雲亭水

雲亭水是贛江一級支流，發源於興國縣崇賢鄉的佛子山。由東南向西北，經泰和的老雲盤、沙村、冠朝、塘洲鎮的橫塘，於

該鎮金灘村下 500 米注入贛江。流域面積 761 平方千米，主河道長 92.6 千米。

袁水

又稱南水、率水、袁江，係贛江一級支流。源河蘆溪，流經萍鄉蘆溪鎮後始名袁水；入宜春市稱名秀江，入新余後稱渝水。流域面積 6486 平方千米，其下游南岸修築了袁惠渠。

臨水

亦名臨川，撫河一級支流。發源於宜黃縣神崗鄉廖坊關村。崇仁河與宜黃水在臨川西廨渡會合成臨水，北行在撫州市臨水口注入撫河。流域面積 5151 平方千米，全長 162 千米。

雲山河

又名東鄉水，係撫河一級支流。發源於金溪縣秀谷鎮附近的金窟山，過臨川入東鄉後，往西流到臨川區羅湖鄉，在進賢縣李家渡鎮陳家村匯入撫河。流域面積 1152 平方千米，主河道 106 千米。

黎灘河

又名黎川、黎水、黎河、黎灘水、中川，係撫河一級支流。發源於黎川縣熊村鎮油源村，由東南向西北流，經中田、紅旗鎮、潭溪等地，於南城縣渡口村流入撫河。流域面積 2453 平方千米，主河道長 87.1 千米。

寶塘水

又稱公陂河、公溪河，係撫河的三級支流，臨水的二級支流，崇仁水一級支流。發源於樂安縣戴坊勞動大學。流域面積 1072 平方千米，主河道長 75.9 千米。

崇仁水

係撫河二級支流，臨水一級支流。發源於樂安縣谷崗鄉。由南向北流，經樂安、崇仁、臨川，沿途納寶塘水、元家水等，於臨川紅橋鎮下窯渡村匯入臨水。流域面積 2813 平方千米，主河道長 152 千米。

鉛山河

古名桐木水、桐源水，係信江一級支流，因流域全屬於鉛山而名。發源於閩贛邊界武夷山桐木關，自南向北經車盤、下渠、石塘、八都、水平鎮、疇田畈至河口鎮東側匯入信江。鉛山河以石塘、永平鎮分為上、中、下游。流域面積 1262 平方千米，主河道長 87.1 千米。

潦河

發源於九嶺山區，是修水一級支流。流經奉新過安義至永修匯入修水。流域面積 4380 平方千米，長 166 千米。

白塔河

發源於福建省，因流經白塔村而得名，信江一級支流。流域面積 2839 平方千米，其中省外部分面積是 205.7 平方千米，主河道長 161 千米。

博陽河

又名敷淺水、博陽川。源出瑞昌和平山，經德安納廬山河後分南北兩支：南支入永修南湖，通鄱陽湖；北支入星子蚌湖，通鄱陽湖。

侯港

在都昌境內，注新妙湖，通鄱陽湖。

土塘水

在都昌境內，注西南湖，通鄱陽湖。

漳田河

又稱西河，是直接進入鄱陽湖的河流。因流經漳田渡而名。自安徽東入鄱陽縣，納響水灘水後在獨山匯入鄱陽湖。流域面積達 2072 平方千米（省外 991 平方千米），長 103 千米。主要支流有雙溪、響水灘河等。

潼津河

又名東河、潼津水、童子渡河，是直接入鄱陽湖的河流。在鄱陽境內，由潼津西河（大塘河）和潼津東河（千秋河）會合而成，以潼津西河為正源，流至朗埠入鄱陽湖。內含 85 條小支流。

康山河

位於鄱陽湖邊，南起餘干三江口，北至都昌瓢山，西斜入湖，僅長 30 千米。康山河汛期為鄱陽湖一部分，汪洋一片；枯水期方顯露河槽。

郭家橋水、瀼溪港

均在彭澤東北部，經太泊湖入長江，故屬長江水系。

太平河

在彭澤西部，經芳湖入長江，屬長江水系。

長河

以烏石河為源河，發源於瑞昌龍王尖，流至桂林橋納橫溪河後始稱長河，後入九江縣，再注九江市沐湖，經賽湖通長江，屬長江水系。

南陽河

該河又稱雙溪西河、金城港，係直入長江的一級支流。其發源於瑞昌亭子山，注入瑞昌、九江兩縣交界的赤湖，通長江。流域面積 190 平方千米，主河道長度 32.5 千米。

萍水

湘江一級支流。因流經萍鄉而名。它由宜春入萍鄉，納南溪和麻山水，後入湘，稱淥水，注湘江。故萍水為湖南淥水的源河，屬長江水系中的洞庭湖水系。

栗江

因兩岸多栗樹而名，與萍水同源異向，由宜春流入萍鄉，經湖南澧陵注潭水，再入淥水，經湘江入洞庭湖，屬長江水系中的洞庭湖水系。在江西境內長 42 千米。

草市水

亦稱草水，發源於萍鄉白竺鄉黃家坳附近的山嶺，入湘後注鐵江，再入淥水經湘江入洞庭湖，屬長江水系中的洞庭湖水系。在江西境內僅長 27 千米。

黃龍水

因發源於修水黃龍山而名，僅長 24 千米。它入湘後稱汨水，其下游即汨羅江，直接入洞庭湖。故黃龍水是汨羅江的源河，屬長江水系中的洞庭湖水系。

潰水

又稱白橋水，發源於修水八陡嶺，流經白橋等地後入湘注汨水，屬長江水系中的洞庭湖水系。江西境內僅長 28 千米。

樂園河

又稱龍港河，係直入長江的一級支流。在瑞昌境內，入鄂後稱朝陽河，下游名龍江河，入富水，再注長江，故樂園河屬長江水系中的富水水系。

雙港河

係長江水系，發源於瑞昌南山，流經雙港等地後入鄂，注朝陽河，其下游龍江河入富水，再通長江，故屬長江水系中的富水水系。江西境內不足 30 千米。

尋烏水

該河系東江水系。為東江源河，它又以澄江為源河，發源於尋烏、安遠、會昌三縣交界的三面排附近的山嶺，流至滋溪納劍溪（不足 30 千米）後稱吉潭河。再至竹子坳納馬蹄河後始稱尋烏水。後納龍圖河入粵稱東江，至渡田村又納來自尋烏的篁鄉河（又名晨光河），最後入珠江，故屬珠江水系中的東江水系。尋烏水長 100 千米，流域面積 1866 平方千米。

九曲河

發源於安遠縣三百山和尋烏縣雞籠嶂，經安遠入定南，納老城水，入廣東龍川縣境後稱定南水，後注東江入珠江。故屬珠江水系中的東江水系。九曲河長 93 千米，流域面積 1658 平方千米。當地有人把九曲河稱為東江之源，甚至把九曲河一條支流的發源地稱為東江源頭，這是錯誤的，因為九曲河是注入東江的中途，只能被視為東江的支流，更何況其長度和水量均比尋烏水小。

偵水

為北江源河，它發源於信豐油山，向東南流入廣東南雄後折向西南，過韶關後便稱北江，再入珠江，故屬珠江水系中的北江水系。江西境內不足 30 千米。

富石河

係韓江水系，發源於尋烏笠帽峰，向東南流經上堰等地後入廣東注梅江，再入韓江。流經廣東、福建後直接入海。江西境內僅長 9 千米。

大拓河

係韓江水系，發源於尋烏笠帽峰，與富石河同源異向，它向東流經丹溪等地後入廣東，注入石窟河，再經梅江入韓江。江西境內僅長 10 千米。

差干河

屬韓江水系，發源於尋烏項山甑，東流經上村等地入粵注石窟河。江西境內僅長 5 千米。

第二節 ▶ 湖泊

湖泊是陸地上窪地積水形成的、水域比較寬廣、換流緩慢的水體。

地殼構造運動、冰川作用和河流沖淤等地質作用下，地表形成許多凹地，積水成湖泊。因露天採礦場凹地積水和攔河築壩形成的水庫也屬湖泊之列，則稱人工湖。江西省內各縣市地名志和地方志收錄的湖泊有 400 多個，其中面積 1 平方千米以上者 200

餘個。主要分佈於五大河的下游地區，其中以鄱陽湖最為著名。

鄱陽湖

古稱彭蠡、彭蠡澤、彭澤、揚瀾、宮亭湖。地處江西省的北部，長江中下游南岸。它彙集贛江、修水、鄱江、信江、撫江等水經湖口注入長江，是我國第一大淡水湖，也是地球上同緯度最大的淡水湖。鄱陽湖以松門山為界，分為南北兩部分，北面為入江水道，長 40 千米，寬 3 至 5 千米，最窄處約 2.8 千米；南面為主湖體，長 133 千米，最寬處達 74 千米。

鄱陽湖水文特徵表現是一個吞吐型、季節性的淺水湖泊。隨水量變化，鄱陽湖水位升降幅度較大，具有天然調蓄洪的功能。其多年平均水位為 12.86 米，最高水位為 1998 年 7 月 31 日的 22.59 米，最低水位為 1963 年 2 月 6 日的 5.90 米（湖口水文站，吳淞基面）。年內水位變幅在 9.79～15.36 米，絕對水位變幅達 16.69 米。由於水位變幅大，所以湖泊面積變化也大。在平水位（14～15 米）時湖水面積為 3150 平方公里，高水位（20 米）時為 4125 平方公里以上，但低水位（12 米）時僅 500 平方公里。汛期水位上升，湖面陡增，水面遼闊；枯期水位下降，洲灘裸露，水流歸槽，湖面僅剩幾條蜿蜒曲折的水道。具有「枯水一線，洪水一片」的自然景觀。

鄱陽湖是國際重要濕地，長江幹流重要的調蓄性湖泊，在調蓄洪水和保護生物多樣性等方面具有特殊生態功能，是我國十大生態功能保護區之一，也是世界自然基金會劃定的全球重要生態區之一。

仙女湖

原名新余江口水庫，修建於 1958 年，地處新余城區西南 20 千米，是江西省四大水庫之一。因東晉文學家干寶所著《搜神記》中仙女下凡而名。

湖中島嶼眾多，有「江西千島湖」之稱，集水面積 75 平方千米，庫區有大小島嶼 72 個，50 平方千米的水域，97 個島嶼，沿湖 140 多千米的島嶼山林，古樹名木、農舍村寨、響泉飛瀑，形成一幅幅天然圖畫。

柘林湖

柘林湖位於永修縣西北，地跨永修、武寧兩縣，由興建亞洲第一大土壩——柘林水電樞紐工程而形成，是江西最大的人工湖。因水電土壩攔河工程所在地為柘林鎮而得名。為國家級森林公園、國家級重點風景名勝區、省級地質公園。總面積 425 平方千米，其中水域面積 308 平方千米，平均水深 45 米，屬國家一級水質、一級空氣。湖區擁有形態各異、大小不一的島嶼 997 座，平均水深 45 米。

東湖、西湖、南湖、北湖

南昌市區的東湖、西湖、南湖、北湖本為一湖，因在古南昌新城之東而名東湖。唐貞觀年間建洪恩橋後分出西湖；明萬曆年間建廣濟橋（狀元橋）後又分出北湖；民國時又將湖中靈應橋以南部分稱南湖。東湖面積 0.115 平方千米，平均水深 2～3 米；西湖位於市區中部，面積 0.042 平方千米，平均水深 2.6 米；北湖位於市區中部，面積 0.018 平方千米，平均水深 2～3 米；南湖市區中面積 0.035 平方千米，平均水深 2.5 米。

青山湖

位於南昌市東部，是南昌市城區最大的內湖。湖面面積 3.01 平方千米。

賢士湖

賢士湖位於東湖區，據說因形似燕子而先名燕子湖，後轉為賢士湖；另說湖中有少女姓子墓，先稱姓子湖，後轉為賢士湖。湖面東靠向九鐵路、西鄰南昌大學第一附屬醫院。面積 0.54 平方千米，平均水深 1 米。此湖在 20 世紀 90 年代逐漸被填沒後建房，湖面積所剩無幾。

瑤湖

位於南昌縣尤口、麻丘兩鄉之間，呈南北長方形。面積 13 平方千米，平均水深 2.5 米，最大水深 5.0 米。湖水依西南渠道流入，北流入贛江。

軍山湖

又名南陽湖、日月湖，元代始稱軍山湖。位於進賢縣，面積 204 平方千米，平均水深 4.5 米，最大水深 6.4 米。

蚌湖

位於星子縣南部，呈長方形，屬於鄱陽湖內湖，面積約 80 平方千米，平均水深 3 米，最大水深 13 米。

洗藥湖

洗藥湖在南昌市灣裡區太平鄉與紅星鄉的交界處，因採藥人常到此洗藥、洗足而名洗藥湖，亦稱濯足湖，湖邊羅漢峰為西山最高峰，因湖而俗稱洗藥峰，湖及湖邊低地又統稱洗腳塢，現已闢為旅遊點。

棲霞湖

即是棲霞水庫，位於南昌市北郊 20 千米處，水面積 2.7 平方千米，蓄水五千萬立方米，是南昌市最大的水庫之一。

甘棠湖

位於九江市區的甘棠湖原與南門湖為一湖，名景星湖。東西長 2 千米，南北長 1.9 千米，面積 2.4 平方千米，平均水深 1.4 米，最大水深 2.4 米。

如琴湖

廬山人工湖，因形如提琴而名。面積約 1.2 平方公里。

八里湖

位於九江城區西南部。面積 33 平方千米，平均水深 2.0 米，最大水深 5.0 米。

芳湖

地處彭澤縣西南。水面由上、下芳湖和劉蘭湖組成。面積 30 平方千米，平均水深 2.5 米，最大水深 6.0 米。

新妙湖

位于都昌縣城西部，緊靠鄱陽湖，原是鄱陽湖東北岸大湖汊，舊稱北廟湖。湖面面積 34.7 平方千米，平均水深 3.5 米，最大水深 11.4 米。

大蓮子湖

鄱陽湖內湖，位於鄱陽縣西南部餘干縣北部，因盛產蓮子而名。面積 23 平方千米，水深 4 米。

珠湖

珠湖位於鄱陽縣西部，是鄱陽湖東岸，因產明月珠而得名。

「系鄱陽湖東北著名湖泊……北納韓山以下之水，西接樂亭以北之水，南和東南收鳳凰山以北、四十里街以西之水。湖內有 48 大汊，84 小汊。1976 年建成珠湖圩，切斷鄱陽湖之水利用湖內 62000 餘畝水面建珠湖水產場。」[2]

南疆湖

位於餘干縣西北部，是餘干縣康山鄉與鄱陽縣蓮湖鄉之間的兩縣界湖。面積 21 平方千米，平均水深約 3.5 米。

潤溪湖

該湖是河成湖，發源於東鄉縣北部山地的溪澗，流域面積 300 平方千米。湖長 4 千米，最寬處 6 千米，面積 15 平方千米。

蓮花塘

也名和尚塢。位於景德鎮市區，因植蓮而名。蓮花塘南北向水面最長約 340 米，東西向最寬約 130 米。

綠草湖

位於瑞金黃柏鄉，約 0.2 平方千米，為明嘉慶年間地震時陷落而成，後四周長草，呈深綠色，故名綠草湖，傳說一年開蓮花一次。

上土湖

在鄱陽縣西南部，饒河下游右岸。上土湖位於磨刀鄉西部，南鄰鄱陽鎮。面積 2 平方千米，平均水深 1 米，最大水深 3.5

2　江西省波陽縣志編纂委員會：《波陽縣志》，江西人民出版社，1989 年版，第 87 頁。

米。

第三節 ▶ 泉

　　泉是地下水的天然集中地表出露，是地下含水層或含水通道呈點狀出露地表的地下水湧出現象，為地下水集中排泄形式。它是在一定的地形、地質和水文地質條件的結合下產生的。適宜的地形、地質條件下，潛水和承壓水集中排出地面成泉。

　　由於江西地下水較豐富，地層又多褶皺斷裂，故出露的泉眼較多。泉有多種分類方法，人們通常把水溫三十四℃以上稱為溫泉，三十四℃以下的為冷泉。

　　全省已知溫泉近百處（有說九十六處，有說溫泉和地熱共一百〇六處）。江西的溫泉有星子溫泉、湯湖溫泉、宜春溫湯、洪江溫泉、九仙湯、臨川日泉、美佳山溫泉、寧都李村溫泉、蒼龍寨溫泉、湯橋溫泉、渡頭溫泉、銅鼓溫泉、河洞溫泉、華山溫泉、摘門嶺溫泉、觀下溫泉、豆頭溫泉、安西溫泉、淡水溫泉、嶺下溫泉、湯溪溫泉、湯湖溫泉、三溪橋溫泉等。

　　全省冷泉比溫泉更多，著名者也不少。陸羽評定天下名泉有二十，江西就獨占其五，分別是廬山康王谷玉簾泉（在星子縣）為天下第一泉；上饒廣教寺泉（後人稱陸羽井，在今上饒一中校園內）為天下第四泉；梅嶺西山瀑布水為第八泉（現梅嶺洪崖丹井）；廬山天池泉為天下第十泉。江西冷泉還有位於宜春市區的靈泉和珠泉，位於宜春春台嶺南山坳裡的馬踏泉，位於九江市廬山北麓東林寺後院山腳的聰明泉，位於九江廬山牯嶺街西南四千

米處蟲米潤甘露泉，位於南城上唐鄉的沸珠泉，位於臨川溫泉鄉青蓮山村的月泉，位於瑞昌王家鋪梅山西麓的妹姑泉，位於瑞昌華坊鋪南的玉液泉，位於瑞昌黃橋鄉龍墻村的星湧泉，位於瑞昌九源茅山腰的茅龍泉，位於武寧縣魯溪大橋的魯溪洞泉，等等。

星子溫泉

古稱黃龍靈湯，位於星子縣歸宗寺西廬山與黃龍山的交接地段，泉水於斷層處湧出，日產 50℃～67℃溫水 450 噸，水中含硫磺、鉀、鈉、鎂等 30 多種元素，有很高的療養價值。早在晉代就有「穴如圍一丈許，沸泉湧出如湯，冬夏常熱」的記載。如今在此已建有較大規模的療養院。

湯湖溫泉

位於遂川縣湯湖鄉，原名大鄒泉。共有泉眼 10 多處，主泉大湯湖和小湯湖，水溫高達 84℃，是省內最熱的溫泉，泉水如沸。泉區有 9 個土墩，泉水順坡而下，謂九龜下潭。

宜春溫湯

在宜春市西南 15 千米的溫湯鎮，溫泉中心海拔 168 米，有泉眼 3 個，水溫高達 68℃，日出水 3700 噸。無色無味，透明，為碳酸弱鹼性礦泉。

洪江溫泉

位於宜春洪江西南的南廟河邊，水溫 40℃，今主要用於養殖熱白帶魚。

九仙湯

在奉新澡溪鄉，傳說古有九仙女下凡在此洗澡而名。

臨川日泉

位於臨川溫泉村青蓮山東麓，石上有黃鴻圖題「日泉」二字，水溫 42℃。

美佳山溫泉

位於寧都肖田西北美佳山下，原名福源泉，水溫 40℃，每小時湧水約 2.5 立方米。

寧都李村溫泉

位於寧都湛田西南李村，含硫磺，水溫 46℃。

蒼龍寨溫泉

位於修水白桃嶺桃樹港南的蒼龍寨西麓，有 3 個泉眼，日湧水 143 立方米，水溫 50℃。早於清代就建有石亭，1940 年建有工兵浴池。

湯橋溫泉

位於修水湯橋鄉東北秀水南岸的石橋下。日出水 269 立方米，水溫 62℃，已建有石砌浴室。

渡頭溫泉

位於德興萬村鄉渡頭村，2 公頃，每秒出水 0.5 立方米，水溫 27℃。無色無味，中性，主要用於養殖非洲鯽魚。

銅鼓溫泉

位於銅鼓溫泉鄉井，原有圓形石砌圍欄，池 20 平方米；後建溫泉浴室，從深井中抽取泉水（原池已涸）。

河洞溫泉

位於大庾河洞鄉，當地稱熱水塘，水溫 35℃～38℃。

華山溫泉

位於黎川華山墾殖場暖水村旁，有石砌泉池。約 10 平方米，泉溫 50 餘度。

摘門嶺溫泉

位於會昌筠門嶺鄉車心村，泉塘 300 平方米，熱水從塘底湧出，當地稱熱水塘。

觀下溫泉

位於石城縣城西南觀下鄉何坑一小河邊，泉池 28 平方米，水溫 38℃。含硫磺，當地稱燒湖。

三溪橋溫泉

位於永修三溪橋鄉，有多處泉眼，日出水 200 立方米，水溫 40℃。

安西溫泉

位於信豐安西鄉熱水村，水溫 56℃，當地稱熱水。

康王谷玉簾泉

廬山的天下第一泉，在主峰大漢陽峰南面康王谷中，今星子縣境內。唐陸羽按衝出茶水的美味程度，將泉水排了名次，確認廬山的玉簾泉為「天下第一泉」。

靈泉

位於宜春市區中山中路，市政府招待所西北部。此泉歷史悠久，飲之宜人。宜春因此得名。占地 300 平方米，泉水出水量為每秒 3～5 立方米。

涂泉

位於萬載縣，又名涂泉塘。日出泉 1.57 萬立方米，出口成

泉。

聰明泉

位於九江市盧山北麓東林寺後院山腳，周圍砌有石欄，泉水清冽，石碑上刻「聰明泉」。

蟲米澗甘露泉

盧山三甘露泉之一，位於盧山牯嶺街西南 4 千米處，日出水30 立方米。

沸珠泉

位於南城上唐鄉。紅石砌就的泉池約 9 平方米，泉清見底，有泉孔多處，湧泉如沸珠，泉上有閣，人聲鼎沸時泉湧更烈，泉珠更多，曾國藩曾題「天下第三泉」。泉旁另有一泉，沸珠亦然，稱「又一泉」。

月泉

位於臨川溫泉鄉青蓮山村，泉頂有石，石有小孔，泉水從孔中湧出，灌滿泉池。

玉液泉

位於瑞昌華坊鋪南，泉從石縫盤旋而出，如瓊漿玉液，甘醇清冽。

星湧泉

位於瑞昌黃橋鄉龍壋村，有兩泉眼，相距 30 米，在月光下波動星搖，故名。

妹姑泉

位於瑞昌王家鋪梅山西麓，清泉常年不涸。

江西五大河流基本情況一覽表

河流名稱	贛江	撫河	信江	饒河	修水
發源地	石城縣	廣昌、石城、寧都交界	玉山縣	婺源縣	修水縣
流域面積（平方千米）	82809	16493	17599	15300	14797
主幹道長度（千米）	823	348	359	299	419
占全省總面積百分比（％）	50	10	10	7.9	8.9
水力資源理論蘊藏量（萬KW）	360.78	60.99	85	37.77	68.87
已經和正在開發水力資源蘊藏量（萬KW）	110.98	14.48	23.4	6.25	67.02
流域10平方千米以上河流數（條）	2073	382	320	293	305

重點河段（湖泊）水質狀況表[3]

序號	水系	河流	水質站名	斷面位置	水質類別	主要超標項目	備註
1	長江中干	長江	九江	九江市賽城湖閘下	II		
2	長江下干	長江	馬壋	彭澤縣馬壋鎮	II		
3	洞庭湖	淥水	萍鄉	萍鄉市小溪門	III		
4	鄱陽湖	貢水	峽山	于都縣羅坳鄉峽山村	II		
5	鄱陽湖	章水	贛州	贛州市西門大橋	III		
6	鄱陽湖	贛江	棟背	萬安縣百嘉鄉棟背村	II		
7	鄱陽湖	贛江	吉安	吉安市大里巷碼頭	I		
8	鄱陽湖	贛江	樟樹	樟樹市沿江路大碼頭	III		
9	鄱陽湖	贛江	豐城	豐城市城關鎮	II		
10	鄱陽湖	贛江	南昌	南昌市濱江賓館	II		
11	鄱陽湖	贛江	葉樓	南昌市葉樓水位站		無法取樣	
12	鄱陽湖	平江	興國	興國縣潋江大橋下	劣V	氨氮，總磷	
13	鄱陽湖	烏江	永豐	永豐縣永豐大橋下	III		
14	鄱陽湖	袁河	宜春	宜春市袁州大橋	III		
15	鄱陽湖	袁河	新喻	新喻市浮橋	IV	氨氮	
16	鄱陽湖	袁河	荷湖館	樟樹市張家山鄉	III		
17	鄱陽湖	錦江	高安	高安市筠陽鎮南街	II		
18	鄱陽湖	撫河	撫州	撫州市文昌橋下	III		

3 江西省水利廳：《江西省水資源質量公報》，2009 年第 3 期（總 75 期）。

序號	水系	河流	水質站名	斷面位置	水質類別	主要超標項目	備註
19	鄱陽湖	撫河	李家渡	進賢縣李渡鎮鑑良村	III		
20	鄱陽湖	臨水	婁家村	撫州撫北鎮洋坡石村	II		
21	鄱陽湖	東鄉水	東鄉	東鄉縣鐵路橋下	劣V	氨氮	
22	鄱陽湖	信江	上饒	上饒市東市沿河東路	II		
23	鄱陽湖	信江	貴溪	貴溪市鐵路橋下	II		
24	鄱陽湖	信江	鷹潭	鷹潭市化工廠下	V	總磷	
25	鄱陽湖	信江	梅港	餘干縣梅港鄉梅港村	IV	總磷	
26	鄱陽湖	昌江	景德鎮	景德鎮市呂蒙渡口	II		
27	鄱陽湖	樂安河	香屯	德興市香屯水文站	II		
28	鄱陽湖	樂安河	樂平	樂平市泊陽橋	III		
29	鄱陽湖	樂安河	石鎮街	萬年縣石鎮街水文站	V	氨氮	
30	鄱陽湖	泊水	德興	德興市天門村	IV	總磷	
31	鄱陽湖	修河	永修	永修縣王家河入口	II		
32	鄱陽湖	鄱陽湖	湖口	湖口縣雙鐘鎮三里街	IV	總磷	
33	東江	尋烏水	尋烏	尋烏縣人民醫院下	V	氨氮	
34	東江	定南水	定南	定南縣變電所	劣V	氨氮，總磷，高錳酸鹽指數，總砷	

省界水體水質狀況表[4]

序號	水系	河流	水質站名	斷面位置	交界省區	水質類別	主要超標項目
1	長江下干	長江	湖口江心洲	湖口縣萬佳碼頭	湖北、安徽－江西	III	
2	鄱陽湖	昌江	潭口	景德鎮市潭口水文站	安徽－江西	II	
3	鄱陽湖	西河	石門街	鄱陽縣石門街鄉黃家潭	安徽－江西	II	
4	東江	尋烏水	斗晏	尋烏縣斗晏	江西－廣東	IV	氨氮
5	北江	滇江	九渡	信豐縣九渡	江西－廣東	II	
6	北江	錦江	杉皮埂	崇義縣杉皮埂	江西－廣東	II	

4　江西省水利廳：《江西省水資源質量公報》，2009 年第 3 期（總 75 期）。

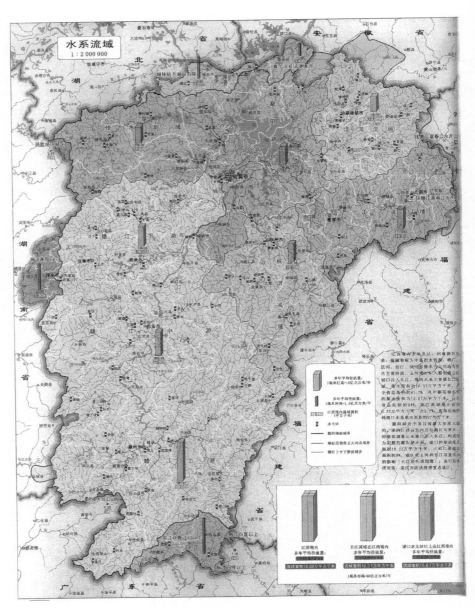

注：上圖引自《江西省地圖集》，第34頁。

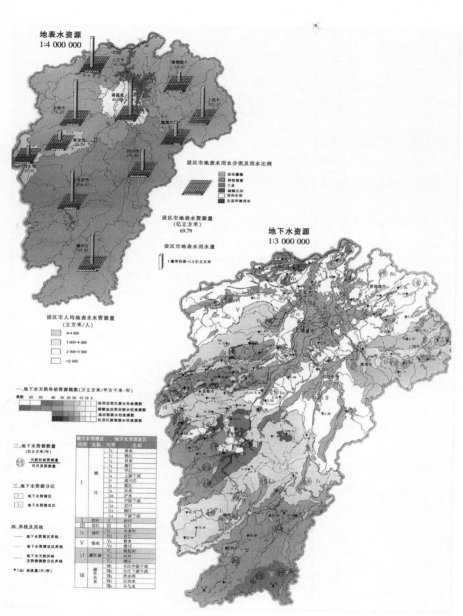

注：上圖引自《江西省地圖集》，第35頁。

土壤

　　土壤是人類賴以生存的最基本的生產資料。在人類沒有出現以前，土壤的產生受各種自然條件影響，進行著各種化學過程及生物循環過程；有了生產活動後，人類積極地參與了土壤的形成與發育。

第一節 ▶ 土壤形成與類型

一、土壤形成

　　地形。江西東、南、西三面環山，四周高中間低，北臨長江和鄱陽湖，中部是丘陵和幾個大盆地。

　　氣候。江西屬中亞熱帶濕潤季風氣候區，氣候溫暖濕潤，光熱資源充沛。這賦予土壤形成過程以強烈的風化、淋溶及生物循環作用。

　　母質。母質是形成土壤的基礎物質，也是影響土壤性質的根源。在岩石風化過程中，各種母岩被破碎成大小不一的顆粒，並形成了大量的次生黏土礦物，組成了占土體百分之九十以上重量的土壤固體骨架，因而母質中，殘留了許多母岩的特性，這些特性在成土過程中又殘留給土壤，影響著土壤的一系列外部形態特

徵及內在性質的差異。

植被。江西植被種類繁多。原始植被只在山區塊狀存在，現狀植被主要是天然次生、半次生和人工林木。

水文。第一，眾多河湖沖積物母質為形成大面積的沖積平原奠定了基礎，沉積層發育為新積土和潮土。第二，充沛的降水促使形成的大量徑流和土壤滲水，出現大面積的紅壤和其他土壤。第三，地表水資源豐富，為發展工農業生產提供了引流灌溉、水力發電、發展航運、漁業等。

人類活動。人類活動對土壤的形成和發育有所影響。

以上各方面促使江西土壤的形成。

二、土壤類型

根據全國統一部署，一九七八年冬季江西省進行第二次土壤普查。為了工作方便，首先根據第一次土壤普查土壤分類，制定了第二次土壤普查的第一個土壤分類方案。全省共分為十三個土類，二十三個亞類，九十二個土組，二五一個土種。

全省土壤的 13 個土類、23 個亞類列表

土類	亞類	總面積（公頃）	海拔（米）	主要分佈地區
紅壤	紅壤亞類、棕紅壤亞類、黃紅壤亞類壤和紅壤性土亞類	10531400	從海拔 20 米左右的鄱陽湖濱湖平原，直到海拔 800 米以下的丘陵、低山地帶，均有紅壤分佈。	紅壤亞類以贛州地區面積最大，其次是吉安、撫州、上饒和宜春等地區。棕紅壤亞類集中分佈在贛北丘陵區，大致在北緯 28°30'～29°以北區域。以九江市轄各縣總面積最大，其次是上饒地區的鄱陽縣和婺源縣。黃紅壤亞類全省各市縣均有分佈，以贛州地區面積最大，其次是吉安、宜春、撫州等地區。紅壤性土亞類以贛州、吉安、宜春等地區面積較多，九江市、鷹潭市次之。

續上表

土類	亞類	總面積（公頃）	海拔（米）	主要分佈地區
黃壤	黃壤亞類	413026.66	海拔 800～1200 米左右中低山區。	以贛州地區面積最大，其次是吉安、上饒等地區。
黃棕壤	暗黃棕壤亞類	118400	海拔高度1100～1800米。	以上饒地區面積最大，其次是宜春、贛州、吉安等地區和九江市等。
山地草甸土	山地灌叢草甸土亞類	22400	一般位於黃壤或黃棕壤之上，海拔 1400～2200 米的中山頂部平緩或山坳處。	以贛州地區面積最大，其次是九江市和上饒地區。
潮土	（酸）灰潮土、灰潮土和濕潮土	186566.66	潮土廣泛分佈於各大小河流沿岸及鄱陽湖濱湖地區。	以九江市面積最大，其次是上饒、吉安地區。
紫色土	石灰性紫色土、中性紫色土和酸性紫色土	201533.33	廣泛分佈於全省的丘陵崗地，與紅壤鑲嵌構成分區。	以贛州、撫州和吉安等地區所占比例最大。
石灰土	棕色石灰土	254533.33	發育在碳酸鹽含量大的母質（包括石灰岩、白雲岩、鈣質頁岩等風化物）上的岩成土。	主要分佈在九江市轄各縣，以及宜春、上饒、新余等地市的丘陵區，自然植被多為喜鈣、耐鈣性植物。
火山灰土	基性岩火山灰（岩）土	13946.67		主要分佈在廣豐、德興、弋陽、虔南、大庾等縣，以廣豐縣發育的火山灰土最有代表性，面積最大。
黃褐土	黏盤黃褐土亞類	53693.33		主要分佈在九江市北緯 29°15'以北的各縣（市、區）黃土崗地和階地上，以九江縣沙河至湖口縣流芳以北地區最為集中。
新積土	新積土亞類	20733.33		主要分佈在九江市，其次是吉安地區和南昌市。

土類	亞類	總面積（公頃）	海拔（米）	主要分佈地區
粗骨土	酸性粗骨土、中性粗骨土	30800		主要分佈在贛州地區的花崗岩水土流失嚴重地區，其次是撫州地區。粗骨土分佈於低山區，水土流失嚴重，土體中殘留粗骨物增多，只有幾公分的表土層，具顯著的粗骨性。
石質土	石質土亞類	16913.33		以浙贛鐵路東鄉至玉山段西側分佈較為集中，其中鷹潭市月湖區、貴溪市、餘江縣面積最大，其次是撫州地區、上饒地區及南昌市的部分縣（區）。
水稻土	淹育型水稻土、瀦育型水稻土和潛育型水稻土	3032626.6	從海拔 15 米的平原地區至海拔 600 米左右的低山溝谷都有分佈，以河湖平原面積最為集中。	全省各市、縣均有分佈。淹育型水稻土以吉安、宜春、撫州等地區面積最大。瀦育型水稻土亞類以上饒地區、贛州地區、宜春地區分佈面積最大，其次是吉安地區、撫州地區、九江市和南昌市。潛育型水稻土以吉安地區最多，其次是撫州、上饒、宜春和贛州等地區。

第二節 ▶ 土壤分佈規律

土壤的形成、發展和變化與地理環境密切相關，其分佈具有規律性。

一、土壤水平地帶性分佈

江西屬典型的中亞熱帶生物氣候區，氣溫適中，日照充足，雨量豐沛，無霜期長。紅壤遍佈全省各地，是江西唯一的水平地

帶性分佈土壤類型。其發生性狀與大氣候、生物的水平地帶分佈相吻合，並在空間有規律變化。

由於江西南北跨越 5°37'緯度，各種氣候因素構成南高北低的趨勢，贛南有熱帶植物成分，而贛北則出現溫帶植物成分。生物氣候條件的變化對土壤形成與發育產生一定影響。具體反映出贛南、贛北紅壤屬不同的紅壤亞類。「其區分界線大體是北緯 28°30'……此線以北的第四紀紅色黏土發育的紅壤，劃為棕土壤，主要分類指標 pH 值為 5.0～5.5，鹽基飽和度為 30％以上，矽鋁率≧2.65，風化淋溶係數在 0.2 以上，氧化鐵的晶膠比在 12.6 以下。而南部地區多為紅壤亞類，在同一地帶尤其他木質發育的紅壤，可按淀積層發育特徵及土壤化學特性，歸屬於紅壤或棕紅壤亞類。」江西省土地利用管理局江西省土壤普查辦公室：《江西土壤》，中國農業科技出版社，一九九一年版，第五十二頁。

二、土壤地域性分佈

土壤的地域性分佈，是在土壤地帶性分佈的基礎上，由於地形、母質、水文地質狀況及人為耕作影響，使得土壤類型發生相應的變化，地帶性土壤與非地帶性土壤在短距離內呈鑲嵌分佈。境內由平原而丘陵至山地，南部分佈著濕潮土、潮土、新積土、紫色土、紅壤、水稻土和各種山地土壤組合；北部則在上述土壤組合中，由棕紅壤取代了紅壤的位置；東部和中部有小面積的火山灰土穿插其間；西部則有石灰土交織於內。

三、土壤中域性分佈

　　一般指在中地貌條件及其相應的其他地方性因素變異的影響下，地帶性土類（亞類）和非地帶性土類（亞類）按確定的方向有規律依次更替的現象，通常又稱土壤組合。江西土壤組合有下列幾種不同類型：

土壤組合分佈類型	地形	分佈
樹枝形	山地等	在山地地貌制約下，溪河水系分佈呈樹枝狀伸展，地貌自山頂至谷底也呈樹狀分佈，導致土壤組合的分佈規律也與地貌、水系吻合。由山頂至河谷的土壤組合關係是：地帶性山地土壤及其小片旱作耕地土地─紅壤及其較大面積的旱作耕地─麻沙泥田、鱔泥田及黃沙泥田等，大部分為潴育型水稻土亞類，但也有相當數量的潛育型水稻土。
盆形	鄱陽湖湖區濱湖平原和低矮崗丘	鄱陽湖區由內向外為水面─平原─崗地─丘陵盆地地貌形態，使得土壤類型自盆邊至盆底呈環狀盆形土集組合分佈。平原地勢低平，一般海拔在 20 米以下，相對高差僅幾米，港漢交織，水網密佈。主要分佈著濕潮土和潮土；距湖稍遠的濕潮土，經圍墾種稻，而形成水稻土；圩田之上的低丘崗地，則為棕紅壤或黏盤黃褐土及其熟化而成的水稻土和旱作土。在平面圖上則構成了環形結構。這種形態分佈同樣適用於丘陵崗地，溝谷縱橫，大小盆地鑲嵌其間的組合。
條帶形	各大小河谷平原	各大小河谷平原，沿江河兩岸斷續分佈，成條帶狀，寬窄不一，其土壤母質均系河漫灘沉積物。因所處河流的區段不同，距河床的遠近不同以及每次洪水過程的不同，導致河漫灘沉積物性質的差異，進而影響到土壤類型的不同。上游多粗砂土，中游多砂壤土，下游多黏土；近河床處多為砂土或砂壤土，遠河床處多為黏壤土或壤黏土；至低階地則為底土異源母質（紅沙泥、黃泥、紫沙泥等）的潮土或水稻土；繼續向外過渡到非沉積物性母質的水稻土和旱作土。

續上表

土壤組合 分佈類型	地形	分佈
層狀環形	丘陵崗地	地表呈波狀起伏，溝谷縱橫，大小盆地鑲嵌其間，地表物質不通，土壤類型隨著成土母質不同而有別，自盆邊至盆底谷地，不同類型土壤呈對稱狀台階式組合分佈，在平面圖上則構成環狀結構的土壤組合。

四、土壤微域性分佈

一般指在小地貌或人為耕種利用差異的影響下，短距離內土壤的中、低級分類單元依次更替、重複出現的現象。通常又稱為土壤微域。

江西常見的土壤微域組合形式有：

第一，階梯式組合分佈。在小範圍的坡地或階地，由於上下坡土層厚度、有機質含量、土質粗細、石礫的多少等不同，使土壤低級分類單元呈階梯狀組合分佈。

第二，棋盤式和同心圓式組合分佈。在平原河網地區，由於園田化建設使大小形狀不一的田塊逐漸呈方塊的棋盤式組合分佈。在居民點附近的耕地，由於距居民點遠近不同，土壤肥力等級往往以居民點為中心向外放射狀擴散，土壤呈同心圓式組合分佈。此外，還有圍堤式組合分佈等。

第三，圍堤式組合分佈。湖區築堤圍墾，使圍堤內外的土壤微域組合發生了變化。堤外的受微小地勢變化的影響而出現不同的土壤類型組合，從高到低，土壤組合為質地不同的濕潤土；而堤內則形成了不同肥力水平的水稻土。

五、土壤垂直分佈

土壤的垂直分佈是指土壤隨山體海拔高度的升高，依次有規律地相應於生物氣候條件的變化而變化的現象。江西海拔 1000 米以上的山地，土壤垂直分佈的規律性均較為明顯，且組合類型趨同。但各土類分佈高度，除基帶相同外，南部均高於北部，陽坡則高於陰坡，一般海拔為 400～500 米，南部和中部山地是典型紅壤亞類，北部山地為棕紅壤亞類；400～800 米，南北山地都是黃紅壤亞類；800～1200 米為黃壤；1200～1500 米為暗黃棕壤亞類；1500～2158 米為山地草甸土，有的山地甚至 1000 米左右的山頂則有山地草甸土。以下簡述幾個主要山地的土壤垂直分佈。

山地名	山地基本情況	土壤垂直分佈情況
齊雲山	齊雲山位於贛西的崇義縣境內，屬羅霄山脈南段的諸廣山脈，海拔 2061.8 米，是贛南的最高山峰。	海拔 500 米以下的山坡山麓為典型紅壤；500～800 米為黃紅壤；800～1200 米為黃壤；1200～1800 米為暗黃棕壤；1800～2061.7 米為山地草甸土。
武夷山	武夷山地處贛閩邊陲，主峰黃崗山海拔 2158 米，是江西省最高峰，位於鉛山縣與福建崇安縣交界處。	土壤發育具有亞熱帶土壤的典型特徵。海拔 400 米以下為典型紅壤；400～600 米為黃紅壤；600～130 米為黃壤；1300～1900 米為暗黃棕壤；1900 米以上為山地草甸土。
廬山	廬山屬幕阜山的餘脈，屹立於鄱陽湖湖濱，是國內外著名的旅遊勝地。	400 米以下為棕紅壤；400～800 米為黃紅壤；800～1100 米為黃棕壤；1100～1400 米為暗黃棕壤；1400 米以上的山頂，局部有山地草甸土零散分佈。

土壤類型[1]

1：2 000 000

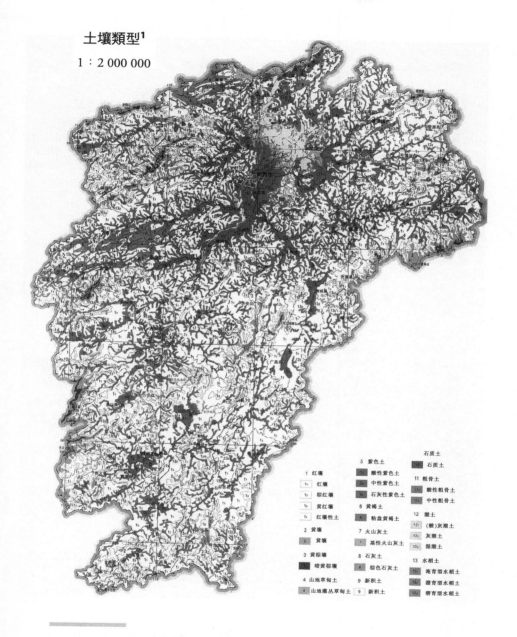

石质土

石质土

5 紫色土

酸性紫色土

中性紫色土

石灰性紫色土

11 粗骨土

酸性粗骨土

中性粗骨土

1 红壤

红壤

1₁ 棕红壤

1₂ 黄红壤

1₃ 红壤性土

6 黄褐土

粘盘黄褐土

12 潮土

12₁ (酸)灰潮土

12₂ 灰潮土

12₃ 湿潮土

2 黄壤

黄壤

7 火山灰土

基性火山灰土

3 黄棕壤

暗黄棕壤

8 石灰土

棕色石灰土

13 水稻土

淹育型水稻土

潴育型水稻土

潜育型水稻土

4 山地草甸土

山地灌丛草甸土

9 新积土

9 新积土

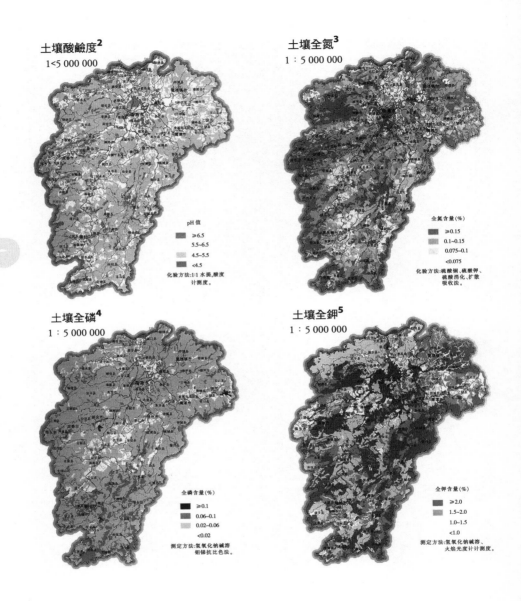

土壤酸鹼度²
1<5 000 000

pH 值
≥6.5
5.5~6.5
4.5~5.5
<4.5
化驗方法:1:1 水提,酸度
計測度。

土壤全氮³
1：5 000 000

全氮含量(%)
≥0.15
0.1~0.15
0.075~0.1
<0.075
化驗方法:硫酸銅、硫酸鉀、
硫酸消化、扩散
吸收法。

土壤全磷⁴
1：5 000 000

全磷含量(%)
≥0.1
0.06~0.1
0.02~0.06
<0.02
測定方法:氫氧化鈉碱溶
鉬銻抗比色法。

土壤全鉀⁵
1：5 000 000

全鉀含量(%)
≥2.0
1.5~2.0
1.0~1.5
<1.0
測定方法:氫氧化鈉碱溶、
火焰光度計計測度。

23456 引自《江西省地圖集》，第39頁。

第六章

植被

　　我國是植物種類繁多的地區。江西處於中亞熱帶的東部，位於長江中游南岸的鄱陽湖流域至南嶺山地的範圍內，南北長約六百五十公里，東西寬約五百公里。江西全省種子植物約有四千餘種，蕨類植物約有四百七十種，苔蘚類植物約有一百種以上。低等植物中的大型真菌可達五百餘種，有標本依據的就有三百餘種，其中可食用者有一百多種。

第一節 ▶ 植被分類標準

　　迄今尚無一個國際通用的植被分類標準，按類劃分植物群落的基本途徑和原則，可分為以下幾種植被分類系統：

　　按外貌分類。根據優勢種（或建群種）的生活型來劃分，如針葉林、常綠闊葉林。

　　按生境的植被分類。以明顯限定的生境分類和命名，如沙丘群落、鹽土群落。

　　按區系組成的植被分類。

　　發生分類是以植物群落髮生的親緣關係為依據。

　　數值分類是將群落的特徵數值化，進行數學分類。

　　群落學分類是以植物群落本身特徵為主要依據，同時重視群

落的生態關係，儘可能利用其綜合特徵。

根據社會生產目的和經濟利用特點所進行的分類叫人為分類。江西植被按人為分類可劃分出用材林、經濟林、防護林、薪炭林、水源涵養林、水土保持林、灌叢、草山、草坡、草洲、農田等若干大的類型。這種分類簡單、方便，易於被群眾接受並利用。

第二節 ▶ 植被類型

江西植被資源極為豐富，植被類型複雜，地帶性植被類型主要為亞熱帶常綠闊葉林。省內地帶性植被和非地帶性植被共有13個主要類型。

常綠闊葉林

在江西分佈的自然植被中，常綠闊葉林是典型的、地帶性的氣候頂極植物群落。該群落被日本學者稱為「照葉林」；歐洲人稱之為「月桂林」。江西分佈的常綠闊葉林，其優勢科組成為殼斗、樟科，故又曾被中國學者稱為「常綠櫟林」「栲楠林」「樟栲林」。現統一稱之為「常綠闊葉林」。具有自更新、自修復、自施肥、自調節的生態功能和最高的生態系統效益。

全省的常綠闊葉林常見以下群系：苦櫧林、甜櫧林、米櫧林、鉤栲林、栲樹林、南嶺栲林、鹿角栲林、羅浮栲林、青岡林、細葉青岡林、雲山青岡林、多脈青岡林、曼青岡林、石櫟林、硬斗石櫟林、粵桂石櫟林、紅楠林、中華潤楠林、湘楠林、樟樹林、木荷林、銀木荷林、厚皮香林、黃瑞木林、薯豆林、虎

皮楠林和深山含笑林等。

低山、丘陵針葉林

低山、丘陵針葉林在江西植被中占有重要的地位。

常見以下群系及群叢組：杉木林、馬尾松林、鹽膚木馬尾松林、胡枝子馬尾松林、木馬尾松林、細毛鴨嘴草馬尾松林、芒萁馬尾松林、桃金娘馬尾松林和崗松馬尾松林等。

山地針葉林

山地針葉林以溫性的針葉樹為建群種，在江西大約分佈於海拔八百米以上的地段。該類型結構簡單，層次分化明顯，層間植物貧乏，苔蘚植物層片發育。

其主要類型有：台灣松林（黃山松林）、柳杉林和南方紅豆杉林等。

台灣松林分佈在海拔一千以上的贛中和贛北山地。柳杉林僅分佈於武夷山海拔一千至兩千米地段，尚有半原始林存在。除此之外，還有一些零星分佈的山地針葉樹，如贛東北山地的香榧，贛南和贛西山地的福建柏，贛南山地的江南油杉、長苞鐵杉，九嶺山地的穗花杉。

針葉和闊葉混交林

針葉和闊葉混交林較針葉林結構複雜，立木層中有針葉樹與闊葉樹兩個不同的層片，群落環境和生態系統功能明顯優於針葉林。

主要有杉竹混交林，杉木、馬尾松與闊葉樹混交林，以及刺柏、南方紅豆杉、三尖杉、福建柏、油杉、長苞鐵杉、竹柏與闊葉樹混交林。在海拔一千四百米以上的中山，還有南方鐵杉、柳

杉與雲頭綢、猴頭杜鵑混交林。

常綠、落葉闊葉混交林

常綠、落葉闊葉混交林是中亞熱帶過渡到北亞熱帶地帶性森林植被的代表類型，主要分佈於贛北丘陵、山地。其物種多樣性較高，生態系統功能較強。

其主要類型如下：甜櫧錐栗混交林、木荷青榨槭混交林等。

竹林

江西省的竹林面積約占全國竹林總面積的 18％，在全國居第三位。竹類多、分佈廣，有山之區皆有竹。全省自然分佈的竹類植物有十九屬八十九種，分別占全國種類種、屬的 44.2％和 24.1％。95％為毛竹林，立竹蓄積量達 7.6 億株。

其主要類型如下：毛竹、桂竹林、剛竹林、淡竹林、水竹林、紫竹林、實心竹林、羅漢竹林、方竹林、苦竹林、箭竹群落、箬竹群落、硬頭黃竹林等。其中方竹林的分佈中心在中國西南部。在江西主要分佈於分宜、奉新、德興、靖安、安福、永新、宜豐、萬載、石城、信豐、龍南、大庾、瑞金、上高等地海拔 700 米以下坡地、溝谷和溪邊地段。

落葉闊葉林

落葉闊葉林又名「夏綠林」。其層次結構簡單而明顯，季相分明。在江西的中、南部，除以赤楊林、白櫟林、短柄枹林、楓香林和錐栗林之外，其他均分佈於海拔 1100 米以上，而在贛北則分佈於海拔 1000 米以上。

江西分佈的落葉闊葉林有以下類型：短柄枹樹林、銳齒棚櫟林、栓皮櫟林、小葉櫟林、麻櫟林、錐栗林、亮葉水青岡林、水

青岡林、化香樹林、短毛鍛林、擬赤楊林、楓香林、南酸棗林、江南檔木林和燈台樹林等。

山頂矮林

山頂矮林廣泛分佈於亞熱帶地區的山頂、山脊上。該類型的群落生境條件嚴酷，建群種低矮或虯曲，群落結構整齊、簡單，層間植物貧乏，苔鮮層片十分發育，生態系統效益高，具美學價值。

山頂矮林在中國熱帶和亞熱帶地區分佈較廣泛但面積均小，且呈孤島狀格局散佈於山地「林海」之中。在江西，該類型發育於海拔 1200～2000 米之間多風、多霧、冷濕、土壤多岩石露頭的惡劣環境中。在森林植被的垂直分佈帶中，該類型所處海拔位置最高。但若山體較低且為孤峰，該類型也可見於海拔 1200 米以下地段。上述諸類型的山頂矮林見於九連山黃牛石海拔 1140～1200 米地段；武夷山海拔 1800～2000 米地段；懷玉山之大茅山海拔 1500～1600 米地段；井岡山海拔 1500 米地段。

江西常見的山頂矮林有如下類型：猴頭杜鵑林、云錦杜鵑林、吊鐘花林、交讓木林、水椆木林、黃楊林、白檀林、野山茶林和華中山柳林等。

灌叢群落

灌叢群落是半地帶性的次生性植物群落，具有相對穩定的性質。該類型在全省占有優勢的地位，面積達 36657 平方公里，占江西土地面積的 22％。該類型多數群落外貌不整齊，層次結構不清晰，少層間植物和苔鮮植物層片，群落環境嚴酷。蕨類植物中的芒萁為其標誌種，其他種甚少。該類型的生態系統效益低，

但在社會經濟可持續發展中具有舉足輕重的作用。

　　灌木草叢群落在江西分佈於地形平緩、交通發達、人口密集的丘陵或低丘陵地區。在贛北鄱陽湖平原，中部贛江、撫河、信江等河流兩岸平緩崗地及水田上緣，在寧都—萬安—信豐三角地區和吉泰盆地的丘陵、崗地等地區、地段都有該群落分佈。該類型調查研究的樣地設於泰和縣灌溪鄉、鉛山縣永平銅礦護駕山、鉛山縣石龍、新建縣望城崗、東鄉縣小璜、峽江縣馬坑、井岡山拿山、虔南縣烏柏壩和永豐縣藤田、古縣、鵝頸水庫等處。

　　其在江西分佈的主要類型如下：刺芒野古草草叢、芒萁草叢、蕨草叢、五節芒草叢、白茅草叢、映山紅木灌草叢、三葉赤楠烏飯樹灌草叢、崗松芒萁灌草叢、短柄枹美麗胡枝子灌草叢等。

沙地植被

　　沙地植被是非地帶性植被的特殊類型，在江西主要分佈於贛江下游和鄱陽湖濱，新建縣（流湖沙區）、南昌縣（崗上——傅山沙區）、星子縣（沙山）、都昌縣（多寶沙區）、彭澤縣和湖口縣（紅光——老台山沙區），總面積七千五百平方公里以上。

　　江西沙地植被類型僅有蔓荊群落。

草甸群落

　　草甸群落是由中生性草本植物所構成的植被類型。該類型發育在湖濱及低河漫灘的非地帶性條件下，植物所需水分主要是臨時性的地表積水或氾濫積水。其主要類型有：狗牙根群落和早熟禾群落等。

濕地植被

濕地植被包括沼澤化草甸、沼澤和水生植物群落諸類型。

全省濕地植被約有以下各類型：柳叢、水團花灌叢、蘆葦群落、南荻群落、菰群落、普通野生稻群落、看麥娘群落、苔草群落、荸薺群落、麗草群落、莎草群落、石菖蒲群落、喜旱蓮子草群落、萎蒿紅足蒿群落、紫雲英群落、野芋群落、穀精草群落、燈心草群落、蓼子草群落、節節草群落、水蠟燭群落、鳳眼蓮群落、大漂群落、滿江紅槐葉萍群落、浮萍紫萍群落、蓮群落、荇菜細果野菱群落、菱群落、芡實群落、菹草群落、金魚藻群落、群落、黑藻群落、苦草群落、竹葉眼子菜群落、泥炭蘚群落，等等。

人工植被

人工林中面積最大的是杉木用材林和毛竹林（材、筍用）。用材林有松林、杉木或馬尾松、濕地松與樟樹、櫟木、泡桐、木荷、桉樹等混交的營林方法；經濟林的主要樹種有三年桐、千年桐、烏桕、小果油茶、紅花油茶、奇異果、桃、梨、李、橙、柚、橘、柿、板栗、枇杷、葡萄、棗、金桔、漆樹、黃蘗、杜仲、使君子等；防護林、水保林主要樹種有歐美楊、池杉、重陽木、楓香、苦櫧、木荷等；薪炭林的主要樹種有黑荊樹、桉樹、馬尾松和殼斗科若干樹種等。

農田植被以水稻為主。旱田主要種植玉米等雜糧，還有甘藷、大豆、花生、棉花、甘蔗、菸草、苧麻、西瓜、綠豆、木薯、黃麻等作物和各種蔬菜。

山頂灌木草叢

山頂灌木草叢與低丘陵地區分佈的灌木草叢群落相比無論在群落生態方面，還是在群落植物區系組成、演替方向等方面均相差甚遠。

山頂灌木草叢群落呈島嶼狀散佈於廣大中亞熱帶山地的「林海」之中。江西南北均有小面積分佈。該類型調查研究的樣地設於廬山圓佛殿、南昌西山金釵叉金龜湖東北山頂、永修縣雲居山、宜豐縣官山石花尖、武夷山、黃崗山、宜春明月山、泰和縣老營盤和昔陽山、井岡山風車口、九連山黃牛石等處。

在江西分佈的主要類型如下：野古草金茅草叢、映山紅灌草叢、山胡椒灌草叢、茅栗灌草叢、美麗胡枝子灌草叢。

生物資源

江西地處中亞熱帶東段濕潤地區，山地丘陵面積廣大，自然條件複雜。全省植物資源和動物資源都十分豐富。

第一節 ▶ 植物資源

全省植物起源古老，植物組合較複雜，植物種類繁多，植被類型齊全，植物資源豐富，提供物質原料的資源植物生產潛力很大。植物有兩種分類方法。一是按生殖方式分類，分為孢子植物和種子植物，孢子植物分為藻類植物、苔蘚植物、蕨類植物。種子植物又分為裸子植物和被子植物。二是按低高等來分，分為高等植物和低等植物。高等植物又分為苔蘚植物、蕨類植物、種子植物。低等分為藻類植物和菌類植物。

在全省有分佈與有代表性的主要植物資源有：

一、孢子植物

江西苔蘚植物種類豐富，據已記錄的有苔類（包括角苔綱）27 科 66 屬 166 種，蘚類 43 科 149 屬 402 種。江西苔蘚植物生態類型多樣，既有土生、石生生活類型，也有樹生和葉附生生活類型，有旱生的種類，也有高溫陰濕和水生生境中生活的種類。

江西苔蘚植物區系成分屬泛北極植物區系範疇，南部富含亞熱帶、熱帶區系成分，中部和東部東亞類型豐富，北部多暖溫帶屬、種，說明江西苔蘚植物屬熱帶區系成分和溫帶區系成分的交匯和過渡區。江西苔蘚植物的生態分佈，以常綠闊葉林中種類最多，區系成分最複雜；落葉闊葉林內及高海拔地區多暖溫帶屬、種，低海拔及平地由於人為的干擾，種類及數量均較少。就水平分佈來看，省境南部的南嶺山地，水熱條件充沛，常綠闊葉林中的苔蘚植物，南亞熱帶和熱帶區系成分較多。省境北部與北亞熱帶靠近，受水熱條件影響，熱帶成分逐漸減少，暖溫帶區系成分逐漸摻入。這和種子植物的分佈是相吻合的。

江西大型真菌種類繁多，資源豐富。廣泛分佈於江西省境內各種不同的生態環境中，空曠地和林地、腐木、草叢、落葉層和糞肥上，有著多種的適應性，常與高等植物組成統一的生態類型，保持生態平衡，起著分解有機物的作用。總共 48 科約 500 餘種，其中可供食用的野生大型真菌約有 157 餘種。如黑木耳、白木耳、松乳菇、香菇、冬菇、長根菇、毛木耳、羊肚菌等。藥用真菌 57 種，毒菌 39 種。

江西蕨類植物分佈也較豐富，有 49 科 400 餘種，僅井岡山自然保護區就有 44 科 304 種。我省藥用蕨類植物約占全部分佈總數的一半。其中江西蓮座蕨為江西特有藥用植物資源。江西共分佈有藥用蕨類植物 44 科 85 屬 206 種，包括 1 個變種、2 個變型，占全國藥用蕨類植物（455 種）總數的 45%，藥用資源種類十分豐富。

江西還有藻類植物約 500 餘種，其中有許多是經濟藻類。

二、種子植物

江西裸子植物自然分佈 8 科 23 屬 32 種 1 變種（其中中國特有科 1 個為銀杏科，特有屬有銀杏屬、金錢松屬、杉木屬、水松屬、白豆杉屬等 5 個，特有種有銀杏、華東黃杉、長苞鐵杉、金錢松、水松等 20 種），分別占全國 58.3％、53.66％、13.75％。江西有 6 個單型屬，分別占世界和全國 35.3％和 50％。屬分佈區類型中以亞熱帶到溫帶成分和特有成分為主，分別占江西全部屬的 50％和 22.72％。江西裸子植物種級分佈區亞型有 17 個，其中從西南或喜馬拉雅到華東的分佈就有 9 個分佈式樣 18 種，占總種數的 54.5％。

被子植物區系成分是江西最為複雜的區系成分，而且種類繁多。約有 220 餘科，1309 屬，其中雙子葉植物 1014 屬，單子葉植物 295 屬，比較龐大的科如菊科有 100 餘屬，禾本科有 100 餘屬，蝶形花科有 58 屬，唇形科有 42 屬等。

三、主要資源植物

用材植物

全省份布廣、數量大的種類有毛竹、馬尾松、青岡、苦櫧、甜櫧、鹿角栲、栲、紅楠、木荷、楓香、擬赤楊等。有些樹種數量少，僅見於深山老林，十分珍貴，如阿丁楓、觀光木、湘楠、福建柏、南方紅豆杉、南方鐵杉、白豆杉、華東黃杉等。杉木為全省最常見的用材樹種，多為人工栽植。

木本糧食植物

大量殼斗科植物即屬於此類，主要有苦櫧、甜櫧、鉤栲、鹿

角栲、羅浮栲、栗、錐栗、矛栗、白楝、短柄楝、栓皮楝、石
楝、青岡、小葉青岡、大葉青岡、雙季板栗、棗、柿、野木瓜
等。

薪炭植物

其特點是耐乾旱、耐瘠薄、耐刈割、生長快、燃燒力強。主
要有映山紅、三葉赤楠、木、胡枝子、烏飯樹、短尾越橘等。此
外，芒萁、蕨、芒等草木植物也大量充作燃料。

食用野果及維生類植物

分佈較廣，可在山上大量採集的種類有山楂、山莓、茅莓、
粗葉懸鉤子、奇異果、烏飯樹、米飯花、野葡萄等。其中有些可
作果樹嫁接的親本，如野梨、海棠等，有些還可引種栽培和馴化
為高產果樹，如奇異果等。

野菜及野生飼料植物

大多為草本植物，其中較常見的有野大豆、假地蘭、雞眼
草、胡枝子、葛藤、草木樨、車軸草、山綠豆、山合歡、革命
菜、馬蘭、鼠曲草、黎篙、一年蓬、刺兒菜、蕨、紫萁、野莧、
薺菜、獨行菜、魚腥草、糯米團、野苧麻、黎、羊蹄、構樹、車
前、鴨跖草、馬齒莧等。少量為水生植物，常見的有滿江紅、眼
子菜、水葫蘆、大瓢、水竹葉、浮萍、菱、芡實、水芹等。還有
部分可食大型真菌，如黑木耳、白木耳、松乳菇、香菇、冬菇、
長根菇、毛木耳、羊肚菌等。

芳香植物

主要有木蘭科的深山含笑、樂昌含笑、紫花含笑、凹葉厚
朴、觀光木、木蓮，蘭科的建蘭、惠蘭、春蘭、寒蘭、多花蘭，

樟科的山蒼子、山胡椒、狹葉山胡椒、烏藥、大葉樟、土肉桂、細葉香桂、香葉樹、黃丹木姜子等。其他科分佈數量較多的有紫蘇、白蘇、楓香、馬尾松、奇異果等。

藥用植物

江西是全國藥用植物重要產地之一，全省有藥用價值的植物多達兩千種，其中常用中藥約三百種。盛產的中草藥有梔子、澤瀉、石韋、香薷、撫芎、南山植、枳殼、枳實、鉤藤、曼荊子、土伏苓、薄荷、荊芥等。大量分佈或較為名貴的有貫眾、野菊、半夏、檵木、天南星、桔梗、前胡、白果、黃連、龍膽、千星光、金銀花、苦參、百兩金、千層塔、厚朴、木通、海金沙、楓荷梨、五加皮、花櫚木、遠志、首烏藤、益母草、金錦香、山螞蝗、鹿蹄草、土黨參、孩兒參、菟絲子、玉竹、百合、黃精枸杞子、沙參、盤龍參、商陸、五味子、草珊瑚、五倍子等。蛇傷藥用植物餓滴水珠、七葉一枝花、雲實、竹葉椒、野花椒、斑葉蘭、八角蓮、六角蓮、九頭獅子草、望江南、纖花耳草、山扁豆、槭板歸等；抗癌藥用植物有喜樹、嬌猴桃、白花蛇舌草、龍葵、白英、黃獨、豬殃殃菝、黃毛耳草等。

纖維植物

除大量分佈的竹類植物外，還有禾本科的芒、五節芒、金矛、芒葦、狼尾草、牛筋草、河五八等，草本科的燈心草、龍鬚草等；木本植物的擬赤楊、芫花、椴等。常用的造紙黏合料植物有毛冬青、鐵冬青、長葉凍綠、小赤麻、奇異果、烏蘞莓及若干錦葵科植物。

觀賞植物

全省觀賞植物資源十分豐富。草本植物中，各種蘭科、鳶尾科、百合科、若苣苔科、姜科、野牡丹科等植物；木本植物中，賞花植物以各種杜鵑最為突出，共有二十多種。木蘭科、山茶花科等植物均有若干賞花樹種，大裸子植物，如竹柏、紅豆杉、福建柏、蘇鐵、華東黃杉、刺柏、鐵杉、銀杏等則因樹形美和葉片特殊受人青睞。許多竹類植物，如方竹、黃竹、實心竹、紫竹、人面竹、桂竹、井岡寒竹等也很有觀賞價值。虎皮楠、交讓木、井岡厚皮香、香果楠、赤楠、大葉楠、大果馬蹄荷、黃楊等也都是較好的觀賞植物。

油脂植物

江西是中國最主要的油茶產區。原產於中國亞熱帶地區的山茶屬食用油料植物，在江西有分佈的達二十三種，如油茶、小果油茶、全緣紅花油茶、糙果油茶、尖葉山茶等。有的已廣為栽培，有的尚處於半野生狀態。工業油脂植物有三年桐、千年桐、烏柏、野茉莉、鹽膚木、野漆樹、野鴉椿、擬赤楊、白乳木、山烏柏等。在野生的裸子植物中，種子含食用油的有竹柏、粗榧、香榧等。

四、珍稀瀕危植物

江西省珍稀瀕危植物 103 種（含種以下等級和栽培種），隸屬於 80 屬 48 科，其中：自然分佈種群 46 科 69 屬 85 種，分別占本省珍稀瀕危植物（科、屬、種）的 95・83％、86.25％和 82・52％；分別占中國珍稀瀕危保護植物的（134、319、495）

1:2 000 000

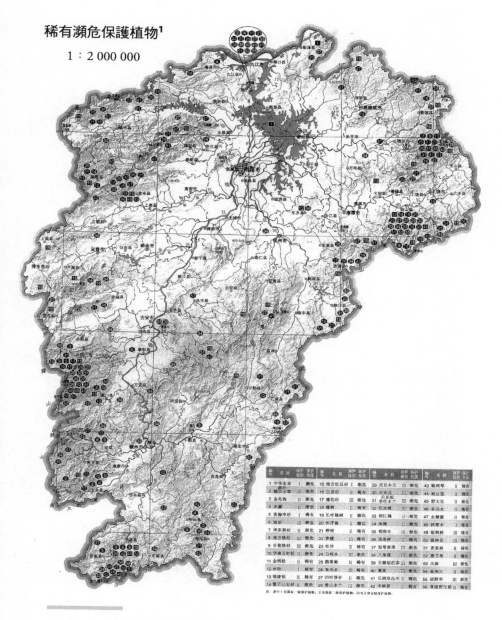

編號	名稱	保護級別	保護類別	編號	名稱	保護級別	保護類別	編號	名稱	保護級別	保護類別	編號	名稱	保護級別	保護類別
1	中華水韭	I	瀕危	15	南方紅豆杉	I	瀕危	29	天目木蘭	III	漸危	43	越南葉		稀有
2	粗齒桫欏	II	瀕危	16	白豆杉	II	稀有	30	天女花	III	瀕危	44	胡豆蓮	II	瀕危
3	金毛狗	II	瀕危	17	篦子三尖杉	III	瀕危	31	傘花木	II		45	野大豆	II	稀有
4	水蕨		漸危	18	楠樹		稀有	32	沉水樟		漸危	46	傘花木		稀有
5	篦子冷杉	I	稀有	19	長葉榧樹	II	瀕危	33	樹紅楠	II	漸危	47	永瓣藤		稀有
6	福杉	III	漸危	20	長序榆		漸危	34	閩楠		漸危	48	鐘萼木		稀有
7	華東黃杉	II	漸危	21	榉樹		稀有	35	銀鐘樹	II	漸危	49	銀鵲樹		稀有
8	南方鐵杉	III	漸危	22	青檀		稀有	36	連香樹		稀有	50	銀鐘花		稀有
9	長苞鐵杉	III	漸危	23	杜仲	II	稀有	37	領春貴港	III	漸危	51	黑果樹		稀有
10	羊角槭五針松	II	漸危	24	白桂木	III	漸危	38	八角蓮		漸危	52	黑竹葉	II	瀕危
11	金錢松	II	稀有	25	酸棗樹	II	稀有	39	長蕊屬木蘭茶	III	漸危	53	天麻		稀有
12	水杉	I	稀有	26	黃光木	III	稀有	40	黃芪	III	瀕危	54	延齡草	III	漸危
13	福建柏	II	稀有	27	凹葉厚朴	II	漸危	41	長喙雙花木	II	瀕危	55	金剛大		稀有
14	篦子三尖杉	II	漸危	28	黃山木蘭	II	稀有	42	羊興茶		漸危	56	普通野生稻	II	瀕危

註：表中 I 為國家一級保護植物，II 為國家二級保護植物，III 為省省省稀有保護植物。

稀有植物群落[1]

1：4 000 000

稀有植物群落

1 南方铁杉群落	15 黄杨短林群落	29 南酸枣群落
2 华东黄杉群落	16 野黄皮群落	30 香果树群落
3 穗花杉群落	17 木莲群落	31 毛红椿群落
4 南方红豆杉群落	18 深山含笑群落	32 尖叶腊梅群落
5 长叶榧群落	19 乐昌含笑群落	33 鹅河粤群落
6 福建柏群落	20 美毛含笑群落	34 水松群落
7 武陵松群落	21 华南栲群落	35 金缘叶红花油茶群落
8 伯乐树群落	22 南岭栲群落	36 华木莲群落
9 大果马蹄荷群落	23 小红栲群落	37 厚皮毛竹群落
10 东京白花木群落	24 山地刺叶栎群落	38 单叶蔓荆灌丛群落
11 长柄双花木群落	25 粤桂柯群落	39 伞花木群落
12 银钟花群落	26 水青冈群落	40 密花树群落
13 青檀群落	27 紫茎群落	
14 岗松灌丛群落	28 雷公藤灌丛群落	

植被區劃[2]

1：4 000 000

植被区划

区划编号	植被区划说明
IV	中国亚热带常绿阔叶林区域
IVA	东部（湿润）常绿阔叶林亚区域
IVAii	中亚热带常绿阔叶林北部亚热带
IVAiia	中亚热带常绿阔叶林北部亚热带
IVAiia-1	浙皖山地丘陵青冈、苦槠林、杉松植被区
IVAiia-1(1)	皖北丘陵青冈、苦槠林、松杉林亚区
IVAiia-1(2)	怀玉山山地丘陵多脂栲槠林、松杉林亚区
IVAiia-2	浙闽山地丘陵栲槠林、松杉林区
IVAiia-3	鄱阳湖西圈山地丘陵多脂栲槠林、松杉林亚区
IVAiia-3(4)	赣鄱橼洼湖平原栽培植被、水生植被区
IVAiia-4	湘赣山地丘陵栲槠、米荷林、栽培植被区
IVAiia-4(5)	幕阜山山地丘陵栲槠、米荷林、松杉林亚区
IVAiia-4(6)	九岭山山地丘陵栲槠、米荷林、松杉林亚区
IVAiia-4(7)	修江、章河上中游丘陵栲槠林、松杉林亚区
IVAiia-4(8)	武功山山地丘陵栲槠林、松杉林亚区
IVAiia-4(9)	赣江、抚河、信江中游丘陵栲槠林、松杉林亚区
IVAiia-4(10)	抚河、信江中游丘陵栲槠林、松杉林亚区
IVAiib	中亚热带常绿阔叶林南部亚热带
IVAiib-2	南岭山地丘陵栲槠、栲树林、松杉林区
IVAiib-2(11)	井冈山地丘陵栲槠、栲树林、松杉林亚区
IVAiib-2(12)	大庾岭、章水山地丘陵栲槠、栲树林、松杉林亚区
IVAiib-2(13)	吉泰盆地丘陵栲槠林、松杉林亚区
IVAiib-2(14)	桃红中游、贡水上游丘陵栲槠林、松杉林亚区
IVAiib-2(15)	九连山山地丘陵栲槠、栲栽树林、松杉林亚区
IVAiib-2(16)	零山山地丘陵栲槠、半枫荷林、松杉林亚区

植被亚地带界

植被区界

植被亚区界

1 2 引自《江西省地圖集》，第41頁。

34.33％、21.63％和17.17％。稀有成分占江西總種數的43.69％，瀕危占12.62％；一級保護植物占18.45％，三級占32.04％。從類群看，被子植物最突出，有62種占中國珍稀瀕危被子植物（389種）的15.94％；從生長型看，木本植物80種占江西總種數的77.67％，草本植物22種，藤本植物比例最小。48科中草本性科10個，有杪欏科、水韭科、瓶爾小草科、蚌殼蕨科、水蕨科、傘形科、睡蓮科、蘭科、菱科、百部科，占總科數的20.83％，木本性科23個，如柏科、金縷梅科、珙桐科、楝科、槭樹科、省沽油科、連香樹科、木蘭科、榆科、殼斗科、胡桃科、柏科、羅漢松科等，占總科數47.92％。本省珍稀瀕危植物區系成分最多的是松科（12／8，種／屬，下同），木蘭科（9／5），樟科（7／3），紅豆杉科（7／4），只1種的科有30個，占總科數的62.5％。其中水蕨科、菱科、領春木科、連香樹科、水韭科、三尖杉科、珙桐科為單屬科，杜仲、銀杏科為單種科。而且銀杏科、伯樂樹科、杜仲科、珙桐科等為中國特有科。

第二節 ▶ 動物資源

動物是生物界中的一大類。一般不能將無機物合成有機物，只能以有機物（植物、動物或微生物）為食料，因此具有與植物不同的形態結構和生理功能，以進行攝食、消化、吸收、呼吸、循環、排泄、感覺、運動和繁殖等生命活動。

動物的分類。動物學根據自然界動物的形態、身體內部構造、胚胎發育的特點、生理習性、生活的地理環境等特徵，將特

微相同或相似的動物歸為同一類，成為脊椎動物和無脊椎動物兩大類。

根據水生還是陸生，可將它們分為水生動物和陸生動物。

根據有沒有羽毛，可將它們分為有羽毛的動物和沒有羽毛的動物。

根據體內有無脊椎骨，我們可以將所有的動物分為脊椎動物和無脊椎動物兩大類。

下面以脊椎動物和無脊椎動物分類，對江西動物進行舉例介紹。

一、無脊椎動物類群

無脊椎動物中包括原生動物、扁形動物、腔腸動物、棘皮動物、節肢動物、軟體動物、環節動物和線形動物八大類，占世界上所有動物的百分之九十以上。

下面將從寄生蟲、甲殼類、農業蟎類及農田蜘珠、經濟昆蟲、經濟貝類等方面介紹江西的無脊椎動物。每個方面舉例介紹。

寄生蟲

伊氏錐蟲　鞭毛綱原滴蟲目。體長 18～34 微米，寬 1～2 微米。鞭毛一根，向體後伸展，與蟲體相連形成波動膜，並有一段游離於波動膜之外，游離段長 6 微米。寄生於牛的血液中，導致蘇拉病。

痢疾內變形蟲　肉足綱變形蟲目。營養體有大小兩型，小型營養體 7～20 微米，不致病，生活於寄主腸腔內，取食細菌，

可形成包囊。

　　弓漿蟲　孢子綱球蟲目。寄生在人體及家畜腸上皮細胞內及其他內臟器官中，但有性生殖和卵囊形成，只在貓腸上皮細胞內進行。取食其卵囊污染的食物，是感染的重要途徑。

　　鯽碘泡蟲　刺孢子綱黏孢子目。孢子卵圓形，前端有 2 極囊，囊內各有 1 極絲。有極囊核 2 個，孢殼核 2 個，合子核 1 個，還有 1 顯著嗜碘泡。侵襲魚體，導致黏孢子蟲病。

　　肝片吸蟲　吸蟲綱復殖目。體長 20～30 毫米，寬 5～13 毫米。成蟲寄生在寄主肝膽管中，但有時移行至其他器官。卵隨寄主糞便排出，進入水體孵出毛蚴，侵入椎實螺體內發育。牛、羊、豬等動物取食附有囊蚴的水草獲得感染。人體亦有感染的病例報導。

　　日本血吸蟲　吸蟲綱復殖目。雌雄異體。雄蟲粗短，長 10～22 毫米，寬 0.5 毫米；雌蟲細長，長 12～26 毫米，寬 0.3 毫米。雌蟲常處在雄蟲抱雌溝中，呈合抱狀。成蟲寄生在人及牛、羊、鼠、兔等動物肝門靜脈系統小血管中。卵隨寄主糞便排出，進入水中孵出毛蚴，侵入釘螺體內，經胞蚴發育成尾蚴。尾蚴自螺體逸出後，即可經寄主皮膚、黏膜侵入其體內。

　　人蛔蟲　線蟲綱蛔目蛔亞目。雌蟲體長 200～250 毫米，雄蟲體 150～170 毫米。寄生於人的小腸內。卵隨寄主糞便排出，在外界發育成侵襲卵。人體因隨食物吞食其侵襲卵而感染。

農業蟎類及農田蜘珠

　　柑橘全爪蟎　又名柑橘紅蜘蛛，是中國柑橘產區的重要害蟎。全省各地均有分佈。其寄主植物有柑橘類、桃、苦楝、桂

花、玉蘭、南天竹、月季、美人蕉、桑、八角楓、槐、核桃、棗等。其為柑橘果樹的頭等重要害蟲。

食田瘤胸蛛　廣泛分佈於全省各地農田和草地，是水稻田優勢種群之一，在棉田及其他旱地中亦有分佈。捕捉葉蟬、飛蝨、蚜蟲等，是這些害蟲的自然控制者。

甲殼類

透明薄皮蚤　枝角目薄皮蚤科，是枝角類中體型最大的種，雌體長達 10 毫米。透明無色。複眼很大，位於頭頂，無單眼。第二觸角內外肢均為 4 節，具剛毛多根。甲殼小，僅能包圍孵育囊。胸肢 6 對，單肢型，且無鰓葉。

晶瑩仙達蚤　枝角目仙達蚤科。甲殼黃色透明，有網紋，後肢角有 1 小刺，後緣多細刺。有複眼和單眼。第二觸角外肢 3 節，剛毛 10 根；內肢 2 節，剛毛 5～6 根。後腹部有刺 13～14 枚，尾爪有基刺 4 枚及細齒若干。雌體長 1.3 毫米。

短尾秀體蚤　枝角目仙達蚤科。複眼大，無單眼，雌體第一觸角小，頂端觸毛很長。第二觸角長不超過甲殼的後緣，外肢 2 節，內肢 3 下。

大型中鏢水蚤　哲水蚤目鏢水蚤科。蟲體前後可動關節在後一胸與第一腹節之間。前體部運寬於腹部。第一觸角很長，雌雄異形，雄體右側者呈執握狀。第二觸角雙肢型，具羽狀刺毛多根。胸足 5 對，兩性第五對胸足均為雙肢型，但內肢弱小，並且無羽狀剛毛。雌體有大的卵囊 1 個，附於生殖節腹面。

鋸齒溪蟹　十足目溪蟹科。頭胸甲背面稍隆起，額部後方有隆塊 1 對，隆塊前有波紋或顆粒。眼窩後方下凹，隆線清晰。前

側緣具小鋸齒。

經濟昆蟲

中華蜜蜂　簡稱中蜂，是一類群棲性昆蟲。中蜂耐寒、耐高溫、嗅覺靈敏、飛翔力強，很適宜在江西丘陵山區早春氣候多變和蜜源植物分散的環境下飼養。江西長期以飼養中蜂為主，把中蜂作為土生土長的當家品種。

樟蠶　又稱楓蠶、天蠶、野蠶，江西全省各地普遍發生。為一種大型蛾類，體和翅均灰黑色，翅上有斑紋，幼蠶葉綠色。樟蠶成蟲有趨光性，多在夜間羽化和交配，清晨產卵。樟蠶的幼齡幼蟲有群居性，老齡幼蟲大多數在樹幹或附近牆壁或雜木上結繭化蛹。

紫膠蟲　體型較小，為雌雄異型昆蟲。雌成蟲的體型有囊形、近球形、紡錘形等，體長 4.3 毫米左右；雄成蟲則分為有翅型和無翅型兩種。紫膠蟲寄生於寄主樹後，分泌一種紫紅色的天然樹脂，稱為「紫膠」。

小地老虎　全省各地均有分佈，危害嚴重，經常發生成災。是一種多食性害蟲，危害棉花、玉米、甘藷、芝麻、菸草、麥類、豆類、瓜類、首稽、番茄、辣椒、甘藍、白菜、蘿蔔等近百種植物。它常以第一代幼蟲危害春播作物幼苗，造成缺苗斷壟。在果樹苗圃嚴重危害苗木。成蟲前翅暗褐色，前緣顏色較深；後翅背面白色，前緣附近黃褐色。卵為半球形，幼蟲體型稍扁平，黃褐色至黑褐色。

大蟋蟀　雜食性害蟲。成蟲體型肥厚粗壯，暗褐色或棕褐色。僅雄蟲善鳴叫好鬥。若蟲體色較淡，外形與成蟲相似。

三化螟　全省各地均有分佈。食性單一，僅危害水稻。以幼蟲鑽蛀稻株，取食葉鞘組織、稻苞和稻莖內壁，形成多種被害狀，其中最明顯和最重要的被害狀是枯心苗和白穗。雌蛾前翅黃白色，有一黑色斑點，後翅灰白色；雄蛾前翅灰褐色，滿佈褐色鱗片，後翅白色。

經濟貝類

名稱	科屬	形狀	特點
中國圓田螺	中腹足目田螺科	殼大，高達 60 毫米，寬達 40 毫米。圓錐形，右旋。	殼面光滑，黃褐色或綠褐色。屬角質。雄體右觸角粗短，已變成交接器。
銅鏽環棱螺	中腹足目田螺科	殼高 25 毫米，寬 15 毫米，長圓錐形。	殼面光滑，體螺層有螺棱 3 條。殼口卵圓形，上方有 1 銳角；口緣薄利。屬角質。
多棱角螺	中腹足目田螺科	殼高 32 毫米，寬 22 毫米。殼厚而堅固，呈錐形。	有深褐色螺肋，螺旋部各具 4 條，體螺層有 7 條。殼口上方有銳角；內唇肥厚，並外折貼於體螺層上。
湖北釘螺	中腹足目鱗螺科	殼高 7～10 毫米，寬 3～4 毫米。尖錐狀。	殼口卵圓形；內唇外折，外唇背側有一唇脊。
長角涵螺	中腹足目鱗螺科	殼高 8.5 毫米、寬 6 毫米，薄但堅固。	體螺層極大，占螺殼 90% 以上。
赤豆螺	中腹足目鱗螺科	殼高 10 毫米，寬 7 毫米，卵圓形，薄而易碎。	殼面光滑，生長線不明顯，淡褐色。殼口卵圓形；內唇外折，上緣呈直線狀。屬石灰質。

續上表

名稱	科屬	形狀	特點
紋沼螺	中腹足目麟螺科	殼高 9 毫米，寬 6 毫米，卵圓形，厚而堅固。	殼口卵圓形；內唇外折。屬石灰質。
光滑狹口螺	中腹足目麟螺科	殼高 3.2 毫米，寬 1.8 毫米，近桶狀。	殼頂鈍，殼口小而圓。屬角質。
方格短溝螺	中腹足目黑螺科	殼高 28 毫米，寬 8 毫米。殼厚而堅固。長錐狀。	螺墳和縱肋交割成方格狀。殼口下方有斜槽；外唇薄，呈鋸齒狀。
耳蘿蔔螺	基眼目椎實螺科	殼高 24 毫米，寬 18 毫米。	殼薄，透明，螺層 4 層。無屬。無鰓，肺囊呼吸。
小土蝸	基眼目椎實螺科	殼高 12 毫米，寬 8 毫米。殼薄，卵圓形。螺層 4～5 層。	體螺層膨大。螺口高度超過螺旋部。無屬。無鰓，肺囊呼吸。
凸旋螺	基眼目扁卷螺科	殼高 1.5 毫米，直徑 8 毫米。扁盤狀。螺層 4～5 層。殼內無內隔。	殼口卵圓形。無屬。無鰓，肺囊呼吸。

二、脊椎動物類群

脊椎動物中包括魚類、爬行類、鳥類、兩棲類、哺乳類等五大類。

魚類

江西地處長江中下游南岸，全省水域面積遼闊，魚類資源豐富，已發現的魚類有 205 種，鄱陽湖有魚類 139 種，是江西的天然魚庫。

　　從全省魚類的主要生活水域和徊游習性看，屬定居性魚類的有鯉、鯽、鯿、魴、鮊、烏鱧、鯰、鱖、黃顙等；屬江湖半徊游性魚類的有青、鱅、鰁、鮰、草、鰱魚等；屬鹹淡水徊游性魚類的有中華鱘、白鱘、鰣魚、長頜鱭、舌鰨、鰻鱺、弓斑圓 等；屬山溪定居性魚類的有異華鯪、鬍子鯰、月鱧、中華紋胸等。

　　中華鱘、白鱘、鰣魚、胭脂魚、短頜鱭、銀魚、鰻鱺、婺源荷包紅鯉魚、興國紅鯉、萬安玻璃紅鯉、彭澤鯽魚、石魚、鱖魚、黃鱔、泥鰍等魚類是江西十分珍貴的魚種，繁殖力較強，經濟價值較高。

　　中華鱘　又名鰉魚、臘子、鱘魚。鱘科。為大型洄游性經濟魚類，是侏儸紀遺留下來的一種與恐龍同時代的古老魚類。其壽命長、成熟晚。主要分佈於九江、湖口、彭澤一帶長江段，鄱陽湖及贛江下游也可見到。

　　白鱘　俗稱象魚、象鼻魚、鱘搶，白鱘科，是中國特有的大型珍稀經濟魚類，肉和卵均可食用。種群數量極少，已列為國家一類保護動物。它主要分佈在長江水系，亦見於錢塘江和甬江河口、東海和黃海海岸，但數量極少。在江西則分佈在長江幹流，鄱陽湖偶爾也有發現。

　　鰣　鯡科。為洄游性魚類。棲息於沿海港灣內，春末夏初進入長江及內河湖汊產卵。產卵期為 6～7 月中旬，產卵比較集中在鄱陽湖及贛江一帶，新幹、峽江、吉水及鄱陽湖的松門山均有鰣魚產卵場。以浮游生物為食，其中又以浮游動物為主。分佈於鄱陽湖和贛江中、下游。

　　太湖短吻銀魚　又名銀魚。銀魚科。是一種產量較多的珍貴

經濟魚類。終年定居在長江中、下游及其相連的江河湖泊中。以浮游動物為食，兼食小蝦及魚苗。分佈於鄱陽湖及贛江、信江、撫河下游。進賢、都昌一帶為其產卵場所。

鯉　鯉科，該魚在江西分佈很廣，是天然水域的主要捕撈對象，也是最主要的傳統養殖對象。多棲息於水下層，適應性強，喜成群活動。以昆蟲幼蟲及底棲動物為食，亦兼食水草及絲狀藻類。4～6月產卵。

鯽　鯉科，是一種適應性強、分佈廣的中小型魚類。食雜性，生命力強，在池塘等水域，即使不放種苗，也可能收穫鯽魚，是養殖搭配種類、稻田養魚的主要對象。肉嫩味美，營養豐富，是群眾喜愛的上等魚類，故為重要的經濟魚類。

鱤　又名棍子魚。鯉科。是一種生活於江河、湖泊上層的大型凶猛魚類。游動迅速，善於獵食，主要以小型魚類為食。4～5月產卵。分佈於全省各地。肉味鮮美，肉質品位高，是一種上等經濟魚類。但因其以小魚為食餌，對湖泊、水庫養魚不利。

青魚　又名鯇魚、黑鯇、青鯇、烏流子，鯉科。體型與草魚相似，生長快，體型大，經濟價值高，但易生病，是我國最普通而特有的四大淡水養殖魚類之一。

草魚　又名白鯇、鯇魚，鯉科。一般棲息於水的中下層，常成群覓食，主要以水草為食。也是四大養殖魚類之一。生長快，具有重要的經濟價值。

白鰱　又名鰱子魚、鰱魚、鰱子，鯉科。該魚種在江西的江河湖庫等天然水域均有分佈，也是主要的養殖對象。喜棲息於水的上層，善跳躍，發病少，生長快，產量高，適應性強，經濟價

值較大。

銀魚　體細小而扁平，人稱「繡花針」。農曆六月後，逐漸豐圓，至中秋節發育完全，周身潤壯，稱「圓身銀魚」，俗稱「面跟條」，此時為捕撈的黃金季節。

石魚　淡黑色，長 2～5 公分，肉質鮮美而味少腥。營養價值頗高。

鱅　又名胖頭魚、花鰱、雄魚、花鱅，鯉科。生活於水的上層。性情溫馴，行動遲緩，以浮游動物為食，分佈於全省各地。為我國四大養殖魚類之一。

泥鰍　又名黃鰍，鰍科。多棲息於靜水水體的底層，喜鑽泥，常見於水田、水溝、池塘及湖汊等淺水處，全省天然產量大。體呈圓筒形，吻突出，口馬蹄形。眼小。鱗片細且埋於皮下。肉質細嫩，營養價值高。是出口水產品之一。

鯰　鯰科。是一種常見的底棲肉食性魚類。棲息於湖泊、水庫及溝渠中。白天多隱居於水草多的水底或洞穴中，活動較少。覓食活動在黃昏和夜間進行，以水生昆蟲、蝦及小魚為食。4～6 月產卵。分佈於全省各水域中，體較長，頭平扁而寬。口大，頜上生有絨毛狀細齒。體無鱗，富有黏液。肉質細嫩，少細刺，是一種優質食用魚。

黃鱔　又名鱔魚，合鰓科。是一種喜在稻田、池塘、溝渠及湖泊等泥質底層鑽洞或在堤岸石隙中穴居的底棲魚類。白天活動少，晚間覓食。以昆蟲幼蟲，小魚及幼蛙為食。生殖期約在 6～8 月。廣泛分佈於全省各地。

兩棲類

全省有兩棲類動物四十種。兩棲類動物中有珍稀的大鯢（娃娃魚），在贛北、井岡山區、贛南山區均有分佈；有尾兩棲類中有肥螈、東方蠑螈等；無尾兩棲類中有青蛙、錢蛙、澤蛙、虎蚊蛙、中國雨蛙、無斑雨蛙、彈琴蛙、沼蛙、闊褶蛙、棘胸蛙（石雞）、大樹蛙、花姬蛙、布紋姬蛙、小弧斑姬蛙等。其中蛙類約在二十五種以上。

大鯢 又名娃娃魚、狗魚，是中國特有的珍貴動物。成體用肺呼吸，叫聲似嬰兒啼哭，故稱娃娃魚。棲息於山區水質清澈、水溫低、多深潭的溪流中。體長可達 2 米，性凶猛，生長緩慢，消化力強而耐飢餓。分佈於廬山、靖安、寧岡等地。肉嫩鮮美，被當作珍饈。也可藥用。現存數量少，列為國家二級保護動物。

肥螈 蠑螈科。常生活於海拔 500～1300 米的山溪石塊下。喜寒冷陰濕，耐飢旱。晝伏夜出。以水生昆蟲及蠕蟲為食。5、6 月間產卵。分佈於井岡山、九連山、鉛山、南城、石城及黎川等地。體小而肥壯，頭、背扁平；前肢短小；尾長而側扁。體和尾側有橫細溝紋。體背和兩側棕褐並散有小圓斑點；腹面橘黃或橘紅色，有少數棕黑斑紋。肉可食。民間也作藥用。南城縣是肥螈模式標本產地。

中華大蟾蜍 又名癩蛤蟆，蟾蜍科。多棲息於潮濕陰暗處。晝伏夜出。常見於園邊、路旁、溝沿、池畔、菜圃以及牆頭地角等處。主要以農、林害蟲為食。是一種農、林益蛙。繁殖期為 2～3 月。主要分佈於贛中、贛北。體型較大。四肢粗壯，適於爬行，體色變異較大，常與性別、季節有關。肉可食用，烘乾後

可作藥用。耳後腺分泌的毒液經加工後即中藥「蟾酥」，具解毒、消腫的功效。

　　棘胸蛙　又名石雞、石拐、老蛤、山雞、山蛤，蛙科。棲息於海拔 500 ～1200 米間的背陰山溪水坑或石洞中。肉鮮美，現已人工飼養。南城縣是棘胸蛙模式標本產地。

爬行類

　　全省爬行類動物七十七種，其中蛇類五十五種。毒蛇有十五種，可取其毒汁作藥用，蛇膽為名貴藥材，主要種類有：眼鏡蛇（扁頭風）、銀環蛇（竹節蛇）、尖吻蝮（棋盤蛇）、日本蝮（狗屎婆）、竹葉青（紅線邊）、烙鐵頭（筍殼斑）、白頭蝰、蛟花林蛇、眼睛王蛇、福建麗蚊蛇、中國水蛇等。無毒蛇類有四十種，主要有滑鼠蛇、灰鼠蛇、烏梢蛇、翠青蛇、赤鏈蛇、多種游蛇、紅點錦蛇、黑眉錦蛇、水蛇等。此外，還有鱉（甲魚）、金龜、大頭平胸龜、白條草蜥、銅石龍子、蘭尾石龍子、壁虎、脆蛇蜥等。

　　鱉　又名腳魚、團魚、水魚，鱉科。是一種營水生生活的種類。常棲息於江河、湖泊及池塘中，以蝦、蚌、蟹、魚及軟體動物為主食，兼吃一些植物。體橢圓形；頭呈三角形。吻突較長，頸長；體表無角質板，只覆有柔軟的革質皮，周邊的稱為「鱉裙」。肉可食，味鮮美。背甲入藥稱為「鱉甲」，有滋陰清熱、軟散腎結石的功效。現已人工飼養。

　　北草蜥　又名四腳蛇。蜥蜴科。生活於丘陵、低山旁的雜草叢中，喜陽光充足、暖和乾燥處。以昆蟲及其幼蟲為食。對農林有益。全省均有分佈。體瘦長，四肢較不發達。體背棕褐色，體

側草綠色。尾細長，易斷，能再生，可入藥，有破石淋、利小便之功效。

多疣壁虎　又名守宮，壁虎科。是一種畫伏夜出的小型動物。常棲息在宅內及附近處，以蚊、蠅、蛾類等害蟲為食，對農、林業及環境衛生有益。分佈全省各地。體小、扁平，頭呈菱形。全身佈滿粒狀小鱗。四肢短小。趾下方擴大成皮褶並密生細絨毛，有黏附能力，可在光滑的垂直面上自由爬行。遇敵時可截尾自逃。乾品入藥即中藥「天龍」，有補腎肺、止咳定喘，鎮痙祛風及發散消腫等功效。

竹葉青　又名青竹蛇、紅線邊、焦尾青，蝮科。棲息於山區樹林及竹林間，也見於山區溪邊草叢或岩石上，常纏掛樹上、竹上，不易發現，盛夏夜間及雨後活動頻繁。以蛙、鳥、鼠等小型動物為食。分佈全省各山區。

眼鏡蛇　又名扁頭風、鴨婆蛇，眼鏡蛇科。是丘陵及平原地區的一種毒蛇。生活環境較複雜，常見於稻田、魚塘、溪邊、灌叢、墳地。多白天活動。以魚、蛙、鳥、鼠為食。全省各地均有分佈。體型較大，性凶猛。

尖吻蝮　又名五步蛇、棋盤蛇，蝮科。是危害最嚴重的毒蛇。多生活於山區、丘陵林木茂盛的陰濕處。也曾發現在山溪旁的陰濕岩石上、落葉間、瀑布下、岩穴間或路邊草叢、茶山、玉米地及宅內柴堆下。畫伏夜出。有撲明火習性。以蜥蜴、蛙、鳥、鼠為食，分佈全省。

揚子鱷　又名豬婆龍，鱷科。是一種僅見於長江中下游的鱷目類動物，也是現存爬行動物中有機結構最進步的一種。多生活

於緩流的江河、湖泊中，體長可達 2 米。據文獻記載，九江有分佈，但現已經瀕臨絕跡，已被列為國家一級保護動物。歷史上，湖口、彭澤、鄱陽、餘干等地均有分佈。

鳥類

包括旅鳥，全省共有鳥類 420 種左右。

1.肉、羽用經濟鳥類　主要以雁形目為主。冬季大量的雁類和野鴨到鄱陽湖越冬，雁類的豆雁、灰雁、小白額雁、白額雁、鴻雁，野鴨類的綠頭鴨、綠翅鴨、赤麻鴨、斑嘴鴨、琵嘴鴨、羅紋鴨、花臉鴨、針尾鴨、黃鴨、白眉鴨等，主要取其絨羽加工，肉則可食用。

2.農林益鳥　保護農作物和森林免遭蟲害的益鳥有 184 種。較重要的有大擬啄木鳥、黑枕綠啄木鳥、斑啄木鳥、樹鷚、田鷚、白頭鵯、虎紋伯勞、棕背伯勞、黑枕黃鸝、黑卷尾、灰卷尾、灰掠鳥、杜鵑、八哥、松雞、紅嘴藍鵲、喜鵲、烏鴉、鵲鴝、烏鶇、文鳥、白臉山雀、樹麻鵲、金腰燕、家燕等。有些益鳥除捕食害蟲外，還是滅鼠能手，如各種鴞類（貓頭鷹）、鵂等。

3.觀賞鳥類　主要有雲雀、紅嘴相思鳥、畫眉、八哥、黑枕黃鸝、白鷴、白尾長雉、鵜鶘、鸕鶿、天鵝、黃鴨、珍珠雞、錦雞等。

4.珍稀保護鳥類　全省屬於國家保護的鳥類共 43 種，其中屬一類保護的有白鶴、黑鶴、金雕、白肩雕、白尾海雕、黃腹角雉、白頸長尾雉、白頭鶴、丹頂鶴、白枕鶴、白鶴、大鴇共 12 種；屬二類保護的有斑嘴鵜鶘、黃嘴白鷺、白琵鷺、白額雁、小

天鵝、金雕、鴛鴦、鳳頭鵑隼、鳶、栗鳶、蒼鷹、赤腹鷹、鳳頭鷹、雀鷹、松雀鷹、烏雕、白腹山雕、鵲鷂、白尾鷂、沙丘鶴、紅腹錦雞、灰鶴、白鷴等 51 種。

白鶴　又名老鶴，鶴科。棲息於湖泊、池塘、沼澤等淺水處，有時在山區見到，以魚、蛙、昆蟲、鼠類等為食。有 600 餘隻在鄱陽湖越冬，其中最大群體有 403 隻。

黑鶴　又名鍋鶴、烏鶴、黑巨雞，鶴科。棲息環境與白鶴相似，但黑鶴為山區大型涉禽，常沿山溪飛行覓食，從不鳴叫，夜宿大樹之上。主要以魚、蛙、蛇、甲殼類為食。數量稀少。

小天鵝　又名白天鵝、嘯聲天鵝，鴨科。棲息於湖泊、江河、沼澤，以水生植物、草類、穀物、昆蟲、蠕蟲、魚等為食。有 5000 餘隻在鄱陽湖越冬，最大群體有 3940 隻。

鴛鴦　又名官鴨、匹鳥，鴨科。棲息於湖泊、沼澤、河川、溪流、田野等處，以水生植物、草子等為食。為中國特產，可供觀賞，肉能藥用。

草原鷂　鷹科。體長約 27-28 公分。棲息於草原、丘陵、田野，以鼠類為食。

蛇雕　又名白腹山雕、鳳頭捕蛇雕、橫髻山鵰。棲息於林中、林緣開闊地帶，以蛇、蛙、蜥蜴、鼠類、鳥類、蟹等為食。羽可利用。

勺雞　又名柳葉雞、山麻雞、刁雞、角雞、松雞，雉科。棲息於高山針闊混交林、落葉闊葉林中，以松子等植物種子、果實等為食。肉味鮮。為狩獵禽。

白頸長尾雉　又名地雞、地花雞、橫紋背雞，雉科，是我國

特產珍貴禽之一，具有很高的經濟和觀賞價值。我省的宜黃、修水、武寧、宜豐、奉新等縣有較為集中的分佈。

　　丹頂鶴　又名仙鶴、紫鶴、大白布衫子，鶴科。棲息近水淺灘、草地、沼澤等濕地，以蘆葦、水草、昆蟲、水生軟體動物、蝦、蛙、魚等為食。鄱陽湖曾有丹頂鶴棲息的記錄，但現已不見。

　　白枕鶴　又名紅面鶴、白頂鶴，鶴科。棲息於湖泊近岸淺水灘地、草地、沼澤、田野等濕地，以昆蟲、軟體動物、蛙、蟒蚌、小魚、蜥蜴、甲殼類、植物種子、草根等為食。在鄱陽湖越冬的白枕鶴，一九八三年冬至一九八四年春有 700 隻；一九八四年冬至一九八五年春有 1200 隻；一九八五年冬至一九八六年春有 1800 隻；一九八六年 12 月約有 2000 隻，其中最大群體有 1200 隻。

　　小鸊鷉　又名潛水鴨子、水葫蘆科。棲息於江河、湖泊、池塘、水庫中，善游泳潛水，以蝦、昆蟲等水生動物為食。帶羽皮可制鳥羽皮。

　　鸕鷀　又名魚鷹、魚老鴉、水老鴉，鸕鷀科。多棲息於江河、湖泊、沼澤、池塘、溪水處，善游泳潛水，主食魚類，易馴養。主產於鄱陽湖區。為了保護魚類生產，現已經禁止使用鸕鷀捕魚。

　　大白鷺　又名風樝公子、白窪子、白莊，鷺科。體長約 91～96 公分。通體白色。無羽冠，胸無蓑羽。背肩間具蓑羽，繁殖期過後即脫落。棲息於江河及湖泊近岸淺水處、沼澤、稻田中，以魚、蝦、水生昆蟲等為食。蓑羽能飾用。

鴻雁　又名原鵝、冠雁，鴨科。體長約 82〜90 公分，重約 2.9〜4.3 公斤。上體多淡灰褐色，胸、前頸下部肉桂色，腹、尾下覆羽白色，頭頂、後頸正中棕褐色或紅棕色。雄性上嘴基部有虎狀突一個，雌性虎狀突不甚顯著。棲息於江河、湖泊、沼澤、水草叢生的近水區域或曠野、山區，以草本植物、藻類、軟體動物等為食。體大肉多，是重要狩獵禽。

　　赤麻鴨　又名黃鴨、瀆兔、黃堯，鴨科。棲息於江河、湖泊、水庫、池塘、田野、山區溪水旁，以穀物、水生植物、甲殼類、昆蟲、軟體動物、水蛙、蛆、小魚、蝦、蛙等為食。體較大，肉質鮮肥，是重要狩獵禽。絨羽可作填充材料。次級飛羽俗稱黃鴨翠毛，能飾用，外銷。

　　雉雞　又名環頸雉、雉、山雞、野雞，雉科。多棲息於山區灌叢、草叢、林緣草地、山谷甸子、竹林中，以植物嫩芽、種子、草子、穀類、豆類、昆蟲、禾苗等為食。體肥肉鮮，數量較多，分佈較廣，是重要狩獵禽。彩色羽及帶羽皮張均能飾用，外銷。

　　斑鳩　俗稱督鴣鴣，又叫原鴿、野鴿。毛灰黑，頸後有斑點，嘴短，腳淡紅色，吃穀類。

　　畫眉　似鶯體小，毛棕褐色，腹部灰白，白眉如畫故名。後頸和背部有黑褐色斑紋，善鳴，聲綿動聽，雄鳥好鬥，可供玩賞。產深山荊棘中。

　　野鴨　也叫水鴨，形似家鴨，毛黑褐色，有亮光，能飛善泳。山塘、水庫多見。

哺乳類

獼猴　又名恆河猴、黃猴、廣西猴，猴科。棲息於針闊混交林、竹林、岩石陡壁處。喜群居，善跳躍攀緣，半樹棲性，白天活動，以樹葉、花果、昆蟲等為食。是實驗用和觀賞動物。分佈於撫州、上饒、贛州、吉安、九江等地區。

豺　又名豺狗、紅狼、棒子狗，犬科。主要棲息於山區、丘陵等地，性凶猛，喜群居，以小型獸類為食。分佈於江西全省山區。

斑靈狸　又名虎靈貓、刁貓、斑林狸、點斑靈狸、彪，靈貓科。多棲息於林緣灌叢、高草叢附近。一般地棲，夜行性，以囓齒類、小鳥、蛙、昆蟲等為食。分佈於江西龍南。

雲豹　又名龜紋豹、樟豹、荷葉豹、烏雲豹，貓科。棲息於林中，性凶猛，善爬樹，夜行性，以野禽、小型獸類等為食。其觀賞、經濟、藥用價值都很高。分佈於江西全省。

豹　又名銀錢豹、金錢豹、銅錢豹、文豹，貓科。分佈於江西永修、星子、餘干、峽江、高安、宜黃、景德鎮、新建、永豐、會昌、南城、新喻、貴溪、安義等地。

華南虎　又名中國虎、大蟲、白額虎、老虎、扁擔花、王斑虎，貓科，是我國特有珍稀動物，其觀賞、經濟、藥用價值都很高。分佈江西九江、瑞昌、武寧、黎川、南城、上饒、龍南、信豐、永修、鄱陽等地。一九五五年後，在江西二十多個縣發現華南虎。

斑羚　又名山羊、青羊，牛科。多棲息於山區林中懸崖環境，以植物嫩枝葉、地衣、苔蘚、草類、野果等為食。肉味鮮，

可食用。毛皮價值高。角、肝、膽、血能藥用。分佈江西全省山區。

黑熊　又名黑瞎子、狗熊、狗駱子，熊科。多棲息於山區林中，有冬眠習性，善爬樹、游泳，能直立行走，主要分佈於懷玉山、武夷山、九嶺山區，數量稀少。

白鰭豚　又名白鰭、青鰭、白暨豚、白旗、白暨、江馬，為水生哺乳動物。淡水鯨科。常棲息於水深 10-20 米而流速較緩慢的江河處，喜結群，主食小魚。分佈於江西湖口的長江江段。數量稀少。

江豚　又名海和尚、海豬、海豚、江豬，為水生哺乳動物，鼠海豚科。雜食性，一般單獨活動，體長 1.2-1.6 米。在我國長江中下游及南方諸省沿海都有分佈，尤以長江口為多，有時也溯江而上。在江西主要分佈於長江江段、鄱陽湖及贛江下游。

花面狸　又名果子狸、香狸、白鼻貓、白鼻狗、白額靈貓、破臉狗、茅毛烏腳香、樹圍子、玉面狸、牛尾狸，靈貓科。棲息於山區林中，喜攀緣，晝伏夜出，以果實、樹葉、野菜、小型動物等為食。肉肥味鮮，可食用。分佈於江西全省。

野豬　又名山豬，豬科。棲息於闊葉或混交林中、山區草地、灌叢、林緣田野，以嫩樹枝葉、果實、野菜、草根、農作物、腐肉等為食。肉可食，皮能製革，鬃毛可制刷，膽能藥用。分佈於江西全省山區。

華南兔　又名山兔、短耳兔、粗毛兔，兔科。棲息於山區草叢、灌叢、近田野林緣地帶，以草本植物、樹苗、嫩枝葉、麥苗、豆苗、蔬菜等為食。肉味鮮，可食用。毛皮能製衣、帽。分

佈於江西全省。

赤狐　又名草狐、紅狐、狐狸，犬科。棲息於山區林中、丘陵、平原、草地、石縫、山溝，掘洞穴居。主食鼠類，也食蠕蟲、昆蟲、魚、蛙、蜥蜴、雉、兔、漿果。毛皮色澤鮮豔，絨毛細密，保溫性強，商品稱叫「草狐」。心、肺可藥用。分佈於江西全省，主要產於贛東北。年均產毛皮千張以上。

水獺　又名水狗、水猴、獺貓、獺，鼬科。棲息於魚類豐富的湖泊、河流、溪水等的沿岸和水中，挖洞而息，嗅覺靈敏，晝伏夜出。見於瑞金、南城及鄱陽湖區。

豹貓　又名狸貓、野狸、山狸、麻狸、石虎、錢貓。貓科。棲息於山區近水林地、灌叢中，善攀爬游水，以昆蟲、魚、蛙、嚙齒類、鳥類、編蝠、果實等為食。毛皮可飾用、制裘，骨能藥用。

淡腹松鼠　松鼠科。樹棲性，主食植物漿果、堅果。肉能食，一般利用冬季毛皮。

三、珍稀瀕危動物

江西有許多珍稀瀕危動物，其中國家一類保護動物有白鶴、黃腹角雉、白鸛、黑鸛、白鰭豚、揚子鱷、華南虎、梅花鹿等。國家二類保護動物有獼猴、短尾猴、穿山甲、金貓、雲豹、黑熊、毛冠鹿、水鹿、小天鵝、白頭鶴、鴛鴦、白頸長尾雉、大鯢等。國家三類保護動物有大靈貓、小靈貓、獐、鬣羚、斑羚、白鷴、大鴇、棘胸蛙、蟒蛇等。

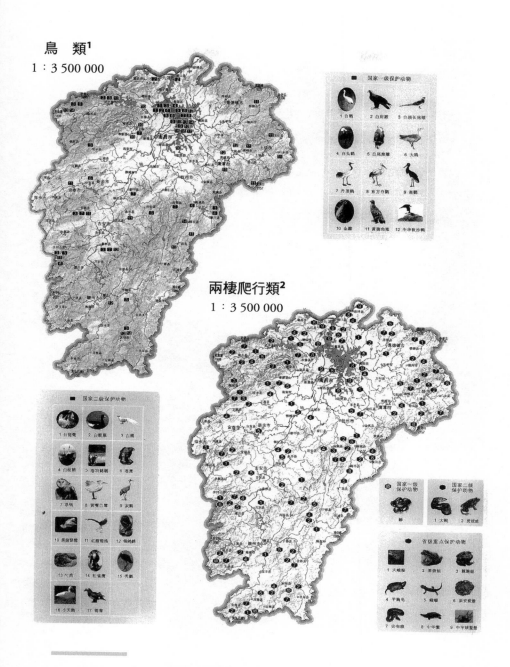

鳥　類[1]

1：3 500 000

兩棲爬行類[2]

1：3 500 000

12　引自《江西省地圖集》，第 26 頁。

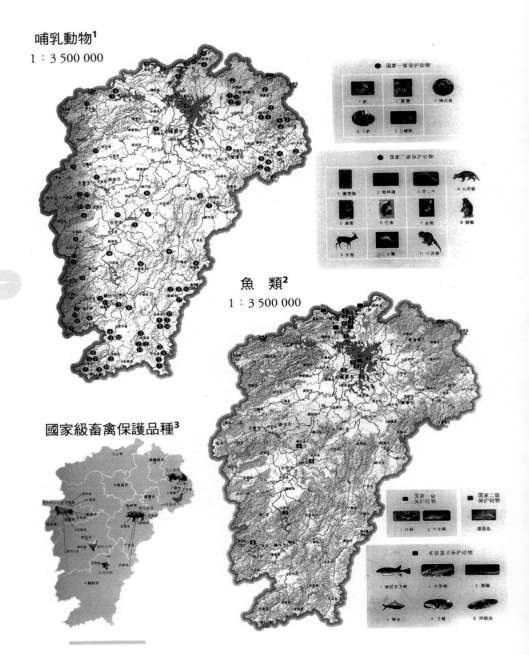

哺乳動物¹

1：3 500 000

魚　類²

1：3 500 000

國家級畜禽保護品種³

123　引自《江西省地圖集》，第43頁。

自然災害

　　「自然災害」是人類依賴的自然界中所發生的異常現象，對人類社會所造成的危害往往是怵目驚心的。江西是近沿海的內陸省，不受海洋性自然災害——風暴潮、海面上升和海水入侵、海浪等災害的侵襲，也沒有火山噴發、雪崩、沙塵暴等災害。江西在全國雖屬自然災害較輕的省區，但災害類型較多，災害地域分佈顯著，水旱災害較為頻繁。

　　按災害特點、災害管理及減災系統的不同，江西自然災害有四大類，每類有包括若干災種。一是氣象災害。包括乾旱、洪水、雨澇、暴雨、寒潮、凍害、冷害、風災、雹災、龍捲風、雷暴等。二是地質災害。包括崩塌、滑坡、泥石流、地裂縫、塌陷、礦井突水、突瓦斯、水土流失等。三是生物災害。農作物及森林的病蟲害、鼠害、農業氣象災害、森林火災等。四是地震災害。包括由地震引起的各種災害及由地震誘發的次生災害，如建築設施破壞、噴沙冒水、河流及水庫決堤氾濫等。

第一節 ▶ 氣象災害

　　江西是國內多氣象災害地區之一，表現在氣象災害種類繁多，發生頻繁。江西氣象災害占整個自然災害的 70％，加上次

生災害，占自然災害比例高達 85%。

一、洪澇災害

洪澇災害是全省水災最主要的災種。其產生主要是由於短期強降雨或降雨持續時間長造成的。局部洪澇年年都有發生。

1954 年特大洪災，全省受災農田 52.69 萬公頃，其中無收的 19.65 萬公頃；全省受災人口 367 萬，死亡 972 人、傷 417 人，毀房 9.4 萬棟又 16.5 萬間，沖毀小型農田水利工程 4.6 萬處；財貿系統（不含私營）及 5 個省屬工廠直接損失 600 餘萬元（當年價）；全省共有 136 所完全小學及 557 個鄉村學校遭到不同程度的破壞。水災發生後，中共江西省委、省人民政府及時部署，把生產救災作為壓倒一切的中心任務。全省參加抗洪的人數達到 342 萬，調用鐵路專車 8 次，輪船 63 艘，木船 791 艘，調用草袋、麻袋 400 餘萬條。「據不完全統計，全省有組織地轉移安置災民 100.17 萬人，其中就地安置 88.7 萬餘人，轉到外縣或其他地區安置的有 11.4 萬餘人。」中國氣象災害大典編委會：《中國氣象災害大典·江西卷》，氣象出版社，2006 年版，第 85 頁。

1955 年 6 月中旬，信河、修水、饒河河水暴漲，全省成災面積 18.9 萬公頃，受災人數 27 萬餘人，公路橋樑損壞 44 座，小型水利工程 34146 處。其中永修縣圩堤全潰，縣城被淹。

1961 年大水。其中于都 9 月 10 日大水，縣城水位達 123.91 米，受災人數 74636 人，倒塌房屋 495 間，沖毀橋樑 358 座，水利工程 825 處。洪水衝進豐城縣城，大街被沖成兩段。全縣 413 個大隊受災，受淹農田 4.07 萬公頃，沖毀土地 150 公頃，損失

糧食 5000 萬公斤，毀房 527 棟，直接經濟損失 1707 萬元，淹死 171 人，糧食減產 2010 萬公斤，鐵路中斷 9 天、公路中斷 28 天。

1962 年 5～7 月水災，全省 48 縣市受災，沖毀各類農田水利工程 112586 座，鐵路中斷行車 10 天，受淹農田 51.44 萬公頃，損失糧食 10 億公斤，調用麻、草袋 185 萬條、木材 1 萬立方米及毛竹 30 萬根，動用搶險物質、車船費 850 萬元。其中，豐城縣城被水淹，水深 1～2 米，淹沒農田 3.54 萬公頃，減產糧食 4830 萬公斤，倒房 4674 間，淹死 44 人，造成經濟損失 1089.35 萬元。廣昌縣於 1962 年 4～6 月雨季降水量達 1556.4 毫米，其中 5 月 27 日和 6 月 21 日出現日降水量分別為 327.4 毫米和 134.5 毫米的特大暴雨和大暴雨，造成兩場百年未遇的特大洪災，全縣淹沒農田 0.52 萬公頃，沖毀水利工程 6000 餘處、小水電站 6 座、公路橋樑 50 座、小橋 677 座，倒塌倉庫 37 棟，民房 3274 間、豬牛欄 934 處，沖走耕牛 20 頭、豬 263 頭，12 個村莊整個被沖毀，傷 57 人、死 11 人。

1969 年 6 月 30 日樂安縣普降暴雨，山洪暴發，縣內 154 個生產隊遭嚴重水災，0.67 萬公頃稻田被淹（其中 1333.33 公頃無收），沖掉木材 4000 多立方米，毛竹 2 萬根，衝倒房屋、倉庫、豬牛欄等建築物 3000 餘間，損失糧食 16.5 萬公斤，淹死 22 人，商店損失財物達 15 萬多元；8 月 30 日山洪暴發，又造成慘重損失，沖毀橋樑 37 座、房屋 1426 棟，淹死 17 人，淹農田 0.61 萬公頃。1987 年 6 月 20 日下午 4 時始，樂安河上游暴雨持續 20 餘小時，降水量 170 毫米。6 月 22 日樂安河（香屯）水位

鋼彈 38.74 米，沿河兩岸 49 棟民房被洪水沖毀；20 餘公里公路被毀壞，洞埠一帶沙洲上 800 餘名淘金農民被洪水圍困，25 人遇難。

1973 年，贛北連降大雨暴雨，形成洪災，沖垮小型水庫 91 座，其他小型工程 21000 座，決堤 558 座（其中 666.67 公頃以上的 35 座），毀屋 20 萬餘間，死亡 44 人，淹田 48.34 萬公頃，其中基本無收的 20.67 萬公頃。該年江西是全國小型水庫垮壩事故最多的省份。其中波陽（今鄱陽）全縣受洪漬災田 3.13 萬公頃。高安縣城街道水深 1 米多，船行街心，淹沒農田 3.20 萬公頃，受淹村莊 1800 個，死亡 9 人，傷 181 人，沖毀房屋 3181 幢，損失糧食 5000 萬公斤、油料 1.5 萬公斤，全部損失折價 3000 多萬元。餘干縣洪災內澇嚴重，全縣被淹早稻田 1.91 萬公頃。德興縣於 1973 年 5 月 15-17 日連降暴雨 3 天，2000 公頃農田被淹，6 月 22-25 日又連大雨，全縣 666.67 公頃農田成災。

景德鎮於 1980 年 7 月 30-31 日大暴雨至特大暴雨，山洪暴發，潭口河段每小時漲 2.8 米，渡峰坑每小時漲 2.56 米，江村每小時漲 9 米，市區每小時漲 2.17 米，11 小時市區水位變幅為 7.85 米，為市境內歷史上漲幅最高的一次大洪水，受災面積 1000 公頃，損失糧食 16.5 萬公斤，沖壞河壩 90 多處。

1982 年 6 月，贛江、撫河下游發生特大洪水，全省有 59 個縣市的 770 個公社 600 餘萬人受災；死亡 208 人；淹農田 48.15 萬公頃（其中約 2 公頃沖成沙地），減產糧食 10 億公斤。沖毀水利工程 17133 座（其中大小圩堤 422 條），沖垮水型水庫 21 座，大小電站 108 座，小排灌站 980 座，沖壞公路 1350 公里、

大小橋樑 2758 座，毀民房 10 餘萬間。

　　1983 年 7 月大水，全省受淹農田 46.262 萬公頃，成災 30.4 萬公頃（其中 12.1 萬公頃早稻無收），受災人口 546 萬人，因災死亡 182 人，倒塌房屋 11.38 萬間，衝倒小（二）型水庫 5 座、山塘 1550 座、小水電站 124 座，南潯鐵路中斷行車 16 天。洪水持續時間長，全省軍民 178 萬人與洪水搏鬥 1 個多月。其中，濱湖地區洪水位多超過 1954 年大洪水最高水位，九江市、湖口、鄱陽分別超過 0.04、0.03、0.08 米；永修縣城水位達 22.9 米，超過 1955 年歷史最高水位 0.09 米。7 月 13 日九江江心洲、綿船圩潰決，7 月 14 日康山大堤潰決。濱湖地區潰堤 108 條，其中 667 公頃以上的 9 條。此次災情雖比 1954 年大，經濟損失卻略少，但災損也是嚴重的。

　　1984 年 5 月 31 日和 6 月 15 日 6-14 時兩場特大暴雨、大暴雨，半月內次發生洪災，其災情僅次於 1962 年，全縣 364 個村莊被淹沒、損民房 1536 間，毀房 970 間、毀牛欄 961 間，沖壞小水電站 26 座，沖毀各種水利設施 672 座、橋樑 723 座、電桿 816 根，沖走木材 5260 立方米，毛竹 5620 根，沖毀農田 67.8 公頃，淹沒農田 0.61 萬公頃。

　　1989 年 7 月洪災，全省受災農田面積 55.093 萬公頃，成災 30.74 萬公頃，受災人口 438 萬人，沖垮餘干縣神嶺中型水庫 1 座、小（二）型水庫 8 座。餘干縣黨政組織 10 餘萬勞力上堤搶險，保住了主要圩堤，使圩內 34 萬農田避免受淹，減少經濟損失 1.5 億元。1951 年 4 月 24 日贛江大水，豐城贛江東岸拖船埠樟樹下堤決口，淹沒農田 3.16 萬公頃，減產糧食 2375 公斤，浙

贛鐵路衝斷 950 米，停車 8 天又 18 小時，公路中斷 17 天，經濟損失 34.3 萬元。

1990 年 6 月至 9 月，受暴雨洪澇影響，全省共有 25.47 萬公頃農作物受災，其中二晚 3.3 萬公頃，受災人口 600 多萬，對水電設施、公路交通等都有不同程度影響。全年全省受洪澇災害影響直接經濟損失 9 億多元人民幣。

1997 年 11 月至 1998 年 3 月，江西降水異常偏多。這段時間的降水量，創歷史同期最大值。2 月下旬、3 月上旬降水量較為集中，2 月 15-23 日出現連續性降雨。3 月 6-9 日受西南暖濕氣流影響，全國出現連續性降水，過程中全省出現暴雨 56 站次，大暴雨 4 站次。造成因洪澇死亡 5 人，傷病 542 人，倒塌房屋 2894 間，損壞 7927 間，農作物受災 70320 公頃，死亡大牲畜 7294 頭，直接經濟損失 2.32 億元。此外還沖毀橋樑 91 座，毀壞路基 215 千米，損壞輸電線杆 207 根，損壞通訊線路 560 桿計 45.6 千米。

6 月 12-27 日出現連續性大降水，降水集中期是近 48 年來洪澇最嚴重的一次。7 月 17 日至 8 月 1 日又出現連續性大降水，持續 15 天。這兩次洪水，使得 12229 個村莊被洪水圍困，有 35 座縣城先後進水受淹。

6 月至 8 月的洪澇災害，使得省境內鷹潭廈門鐵路 2 次中斷營運達 30 小時，浙贛鐵路中斷營運 6 小時，京九線昌九段也一度中斷營運，206、319、316 國道等主幹道被沖垮，有的中斷數日。7 月的連續暴雨，致使全省有 44 條公路不能正常通車。全省沖毀公路路基 1491 千米，沖毀輸電線路 773 千米，通訊線路

174 千米。

2000 年，4 月至 5 月的暴雨，據民政廳統計，造成 101.1 萬人受災，65.4 萬人成災，因災死亡 4 人，傷病 117 人，被洪水圍困 1.79 萬人，緊急轉移安置 1.2 萬人。全省農作物受災面積 3.2 萬公頃，成災面積 1.9 萬公頃，絕收 1.0 萬公頃，損壞耕地面積達 8260 公頃。僅農業直接經濟損失 1.72 億元。

江西省 1949—2000 年水災面積統計表[1]

年份	水災面積（萬公頃）	年份	水災面積（萬公頃）	年份	水災面積（萬公頃）	年份	水災面積（萬公頃）
1949	23.18	1962	51.61	1975	26.87	1988	33.38
1950	16.17	1963	4.93	1976	24.02	1989	55.09
1951	18.35	1964	28.71	1977	228.26	1990	25.47
1952	19.12	1965	8.51	1978	4.18	1991	25.16
1953	22.50	1966	10.83	1979	11.31	1992	100.66
1954	52.69	1967	27.64	1980	21.88	1993	122.49
1955	26.53	1968	20.45	1981	11.77	1994	110.87
1956	18.20	1969	18.38	1982	48.14	1995	146.41
1957	12.44	1970	15.11	1983	46.26	1996	70.36
1958	13.65	1971	8.02	1984	13.03	1997	87.92
1959	13.59	1972	9.40	1985	7.02	1998	165.40
1960	16.18	1973	48.34	1986	4.37	1999	119.93

1 中國氣象災害大典編委會：《中國氣象災害大典·江西卷》，氣象出版社，2006 年版，第 197 頁。

續上表

年份	水災面積（萬公頃）	年份	水災面積（萬公頃）	年份	水災面積（萬公頃）	年份	水災面積（萬公頃）
1961	33.63	1974	16.45	1987	6.78	2000	3.20

二、乾旱

　　乾旱可分為農業乾旱、農村人畜生活缺水和城市乾旱。據資料統計表明，江西主要是農業乾旱。

　　1949-2000 年乾旱面積達 1845.05 萬公頃，平均每年 35.48 萬公頃。其中受災面積大於 66.67 萬公頃的 5 年。

　　1951 年，全省出現夏秋大旱。許多雨量站 5 月的降水量低於同期多年平均值的二分之一。當年旱災主要發生在宜春、南昌、吉安、撫州等地。全省的農業收成，除浮梁、九江、贛州外，其他地區減產一到三成。全省共撥出救濟糧 327.5 萬公斤，救濟款 142 億元。

　　1962 年 10 月至 1963 年 3 月，全省少雨，出現春旱、夏旱、秋旱。春，降水量比歷年同期平均水平低四分之一到三分之一；夏，降水量比歷年同期少 35%到 56%；秋，比歷年同期少 25%到 33%。

　　1978 年江西伏旱、秋旱連冬旱，範圍達 72 個縣市，受災面積 84.38 萬公頃。

　　1986 乾旱，是距 1978 年以來最嚴重的一年。全省受旱農田 96.02 萬公頃，絕收 23.3 萬公頃，受災人口達 1214 萬。

　　1988 年全省出現嚴重乾旱。全省乾旱面積達 68.88 萬公頃，

其中油菜 26.5 萬公頃，大小麥 4.7 萬公頃，蠶豆豌豆 2.1 萬公頃，並有 13.7 萬公頃越冬作物乾死。

1991 年，年內最嚴重的氣象災害是乾旱，且不同程度地發生夏旱、伏旱、秋旱。至 7 月 29 日，全省伏旱面積達 144.22 萬公頃，其中早稻 55.7 萬公頃，一晚 13.6 萬公頃，二晚 3.2 萬公頃，棉花 8.4 萬公頃。8 月底 9 月初，全省出現歷史上少見的高溫天氣，極端最高氣溫達 37℃～39℃，秋旱明顯。

1995 年，8 月下旬到 9 月 27 日，全省基本無雨，部分地區連續無降水日超過 20 天。到 11 月，全省降水僅為 2～35 毫米，其中贛北大部分地區普遍不足 10 毫米，再次出現旱情。全省共有 28.7 萬公頃良田、218 萬人受災，造成 2.9 萬公頃的農田絕收、1786 頭大牲口死亡，因災直接經濟損失 11 億元人民幣。

2000 年，盛夏 2 次長時間的晴熱天氣，蒸發量大，贛北贛中出現中—重度伏旱，贛南出現輕—中度伏旱，是 1993 年以來最嚴重的伏旱。

三、風雹災害

風雹災害是由強對流天氣系統引起的一種嚴重的氣候災害。一場範圍較大、強度較強的降雹，常常伴著大風、雷雨、急遽降溫等極端災害性天氣過程，給人民生命財產造成重大損失。

據載，都昌縣自 1974-1989 年風雹成災 11 次；東鄉縣自 1959-1985 年氣象站實測冰雹 7 次。

豐城自 1950-1985 年出現大風天氣 101 次，年平均 3 次，出現冰雹天氣有 11 年；1983 年 3 月 22 日、4 月 12 日和 28 日，豐

城連續 3 次大風冰雹，最大風力 11 級、冰雹大者粒徑為 42 毫米，使上塘、曲江、小港、筱塘、段譚、白土等地遭重大損失，死亡 142 人，毀房 15 棟，吹倒大樹 125 棵，農作物減收，經濟損失 360 萬餘元。

1963 年 5 月 8 日虯津地區又遭大風襲擊，造成經濟損失 9186 萬元；1979 年 4 月 12 日雷雨大風，全縣吹倒民房 1084 間、茅屋 2193 間，豬牛欄 3442 間，30 人受傷，受災農田 1706.67 公頃，秧田損失 57.53 公頃（谷種 118890 公斤），刮走育秧薄膜 6.37 萬公斤，吹倒電杆 165 根。

波陽（今鄱陽）縣於 1981 年 3 月 24 日大風並落鵝卵石大冰雹，吹倒房屋 40 間，3.73 萬公頃農作物受災；5 月 20 日又遭暴風雨，26 個鄉（場）受災，倒塌房屋 913 幢，翻船 25 只，死亡 30 人，傷 65 人，受災作物達 0.4 萬公頃；1984 年 6 月 2 日波陽（今鄱陽）鎮等 16 個鄉鎮發生雷雨大風伴有冰雹，18890 戶受災、死 5 人、傷 7 人，造成水電中斷、通訊停止。

餘干縣於 1963 年 5 月 8 日和 13 日新橋、信豐、禾豐等 6 個公社（場）先後遭大風和冰雹襲擊，損農作物 0.33 萬公頃；1974 年 8 月 4 日和 10 日大風倒塌瓦房 47 幢、茅屋 336 幢，損壞瓦房 386 幢，康山墾殖場吹翻護堤民船 43 只、淹死 5 人；1981 年 3-4 月間又先後 3 次大風災，倒民房 469 間（其中茅屋 312 間），損壞民房 314 間、傷 35 人，翻民船 14 只、淹死 3 人，因風吹脫高壓線和伴隨雷擊，觸死 5 人，耕牛 3 頭；1985 年 7 月和 8 月出現兩次龍捲風，8 鄉 1 場受災，損壞房屋 140 間，砸傷 8 人、死 3 人。

星子縣於 1983 年 4 月 27 日午夜澤家、蘇家等地降冰雹，大如鵝蛋，落地成穴，洞穴最大直徑 12 公分，屋瓦碎飛，損壞菜麥豆類及秧苗甚多。

　　進賢縣於 1962 年 8 月 22 日雷雨大風，吹倒房屋 36 幢，吹掉屋瓦 119 萬塊；1963 年 4 月 20 日下午，文港、前途等公社遭冰雹襲擊，僅文港就打壞房屋 10 餘幢，80％作物受到不同程度損壞；1977 年 4 月 22 日冰雹又襲擊南台公社等，小雹如鴨蛋、大雹如碗口，20 公頃小麥全部被毀，其他作物損失嚴重；1985 年 4 月 25 日龍捲風浸襲白抒、長山晏等地，1235 戶、6605 人受災，倒民房 26 幢，損壞民房 645 間，4 人死亡，67 人受傷。

　　都昌縣據 1959-1989 年觀測記錄，每年均有 8 級以上大風或風雹災害，最多年份達 14 次；1983 年 4 月 13-27 日先後 4 次風雹災，其中尤以 27 日為烈，倒塌房屋 413 棟又 2478 間，嚴重損壞房屋 5105 棟 15315 間，一般損壞 1200 餘棟，另有 42 所中學 1302 所小學受災，倒塌校舍 62 間，8 萬學生被迫停課，災中死 14 人、傷 114 人，刮斷水泥電杆 117 根，折斷樹木 2.4 萬株，4 次風雹經濟損失達 1319 萬元；1988 年 3 月 14 日縣境湖區的南峰、蔣溪、萬戶等 23 鄉風雹成災，掀倒房屋 196 棟 978 間，損壞房屋 371 間，並造成 2 人死亡，15 人重傷，61 人輕傷，毀稼無數。

　　新中國成立後的前 27 年間，新幹縣有 6 年共出現冰雹 7 次，是少雹縣份。相對而言，吉安縣風雹災情較重，1949-1983 年共有 12 年發生風雹災害，其中 1983 年發生 2 次，災情慘重，據載因災死亡 18 人、傷 143 人（其中因風雹同時發生雷擊死亡

8 人、傷 9 人），風雹折斷電線杆（含電話線桿）3283 根，損毀房屋甚多，農作物等損失嚴重；1967 年 3 月 27 日風雹成災，損壞農作物 0.97 萬公頃，種穀 22 萬公斤，損壞民房 9224 幢、死 2 人、傷 22 人，死傷豬、牛 44 頭；1976 年 4 月 24 日風雹災害，損民房 2000 餘幢，倒 73 幢，死 4 人，傷 44 人，損秧苗 133.33 公頃，油菜 300 公頃，留種紅花 227.3 公頃，倒塌和折斷農用輸電線 29 公里。

泰和縣據《泰和縣志》載，1949-1988 年有 15 年發生風雹災害，其中災情較重的有 1964、1966、1973、1977、1986 年。1964 年 7 月 1 日大風暴雨，颳倒早稻 1706.67 公頃，打壞芝麻 116.07 公頃，損壞和摧倒房屋 71 幢，傾覆貨船 6 艘、壓死 2 人、傷 14 人；1966 年 4 月 3 日禾市等 6 公社遭風雹襲擊，風力達 12 級，冰雹拳頭大，春熟作物損失嚴重，倒塌房屋 157 間，颳倒樹木 2043 株，死 5 人、傷 4 人，另有牛欄等屋舍被吹倒，損失農具 533 件；1973 年 4 月發生 3 次風雹災害。1 日下午大風、冰雹伴有大雨，損壞房屋 38 間、油菜 39.2 公頃、留種紅花 7.6 公頃、稻種 1.35 萬公斤；11 日凌晨 3 時縣城和部分公社遭龍捲風和冰雹襲擊，共倒塌房屋 4039 幢、12039 間，損壞糧食 13.53 萬公斤，毀壞機床等設備 88 台、汽車 1 輛、曳引車 3 台、船 15 艘，電線杆和電話線桿及樹木等颳倒甚多，死亡 16 人、傷 231 人（其中重傷 58 人）；25 日下午又有 10 個大隊遭龍捲風冰雹襲擊，死亡 1 人、傷 5 人，倒塌祠堂 1 幢，損壞房屋 975 幢、損糧食 7500 公斤，衝倒山塘 4 座，毀耕地 2.33 公頃，淹沒耕地 100 公頃。1977 年 4 月 24 日下午風雹自碧溪經橋頭、禾市等公

社，消失於樟塘、苑前公社，15 個公社受災，倒塌房屋 927 幢（共 1449 間）、死亡 15 人，毀機床、電動機、柴油機、曳引車共 113 台，折斷電杆 834 根，眾多樹連根拔起。1986 年 4 月 10 日下午，禾市等 3 鄉鎮遭風雹襲擊，27 個行政村、2 所中學、5 所小學、1 造船廠、1 供銷社遭災，死亡 2 人，砸傷 253 人（重傷 41 人），倒房 5 幢，損壞房 2589 幢，損壞作物 826.67 公頃。其餘各次風雹災害也都造成不同程度的損失。

瑞昌市 1956-1986 年先後 7 年出現大風冰雹，造成 7 人死亡，80 人受傷，損毀房舍 1777 間，折斷電杆 182 根，損毀農作物近 2000 公頃，打壞漁船 9 只，損失成魚、魚苗 130 萬尾，還有一批林木及其他財物損毀。

武寧縣 1957 年 4 月 23 日、24 日兩次出現大風、暴雨和冰雹，35 個鄉先後兩次遭災，吹倒房舍 106 棟、損壞房 374 棟，死 8 人，傷 80 人。

蓮花縣 1955-1987 年有 13 年出現大風冰雹災害（其中 1964 年、1967 年兩年災情最重），1964 年 7 月 1 日大風颳倒房屋 11 棟，損壞房屋 136 棟，0.3 萬公頃作物受災，減產糧食 90 萬公斤；1967 年 3 月 27 日下午大風冰雹，最大的重 5-6 斤，直徑 14 公分，3 個公社、一個墾殖場的 130 個大隊 3096 戶受災，損民房 2700 棟、小學 15 所、豬牛欄 2061 間，1613.33 公頃作物受災，合計經濟損失 79.57 萬元；全縣累計因風雹災害損房舍 7767 棟（間），死 5 人，傷 61 人。

靖安縣風雹災害相對較少，新中國成立後 1951、1981、1982 年及 1983 年出現風雹災害，1981 年 5 月 21 日風雹危害較

大，損壞房屋 1983 間，打死豬 13 頭，打落油茶桃 2.5 萬公斤，大風捲走油茶籽 1.1 萬餘斤，吹斷嫩竹 50 萬株，同時因暴雨沖走種穀 2 萬餘公斤。

萬載縣 1950-1982 年出現大風、冰雹災害 13 年（以 1955、1972 年災情較重），1955 年 4 月 15-18 日先後 4 個區 18 個鄉遭大風和冰雹襲擊，損壞房屋 494 間，傷 17 人，死 3 人，毀作物 233 畝；1972 年 7 月 12 日大風，2000 餘戶受災，傷 18 人，9 月中旬又出現大風，仙源一季晚稻被吹落、顆粒無收，白良二季晚稻被吹倒伏者達 70%。

宜春市 1949-1987 年間有 10 年發生大風、冰雹災害，據史料統計全市因災死亡 32 人，傷 427 人，毀、損房屋 6388 間（棟），損毀作物 1646.67 公頃，另有高壓電杆、輸電線、工廠設備遭損壞；歷次風雹災害以 1986 年 4 月 10 日西村鎮風雹災損最慘，這次災害造成死亡 18 人，傷 303 人，各種經濟損失約 453 萬元。

銅鼓縣風雹災害相對較少，建國後有兩次雹災記載：1978 年 7 月 20 日，其坪鄉柏樹村降雹 10 分鐘，使 13.33 公頃稻田受災；1979 年 3 月有 2 天、4 月有 1 天降雹，但未造成災害。

安福縣 1949-1986 年間大風和冰雹災害發生 8 次，造成 5 人死亡，傷 28 人，損毀房屋 1788 間（棟），吹倒電杆 246 根，毀壞汽車 5 輛，損毀秧苗 104 公頃，油茶 208.73 公頃；嚴田、橫龍、平都、江南等地於 1979 年 3 月 27 日受冰雹襲擊，春熟作物無收。

廣豐縣於 1967 年 4 月 5 日，龍捲風颳倒民房 22 棟 2000 餘

間，死傷 22 人，沙田鄉的溪淤、大石塘、平岡 3 個村被毀為廢墟。

弋陽縣 1949-1977 年有 12 年出現風災，8 年出現雹災；1959 年 6 月 9 日，暴風驟雨颳倒房屋 16 棟、茅屋 184 棟，2 人被風颳人河裡被淹死，31 人受傷；1961 年 8 月 23 日，朱坑墾殖場遭風災，吹倒瓦房 9 棟、茅屋 17 棟·朱坑共大分校校舍被吹倒，壓死 2 人、重傷 8 人、輕傷 5 人；1963 年 4 月 29 日降冰雹，損房 5732 間，壓死 2 人、重傷 2 人；1966 年 3 月 21 日及 1977 年 4 月 24 日風災吹倒房屋 28 棟、傷亡 16 人；1977 年 4 月 24 日風災吹倒房屋 28 棟、傷亡 16 人；1977 年風災損失紅花草 6.25 萬公斤。

德興於 1983 年 4 月中旬連續 12 次大風，折斷水泥廣播線桿 451 根。

資溪縣冰雹較少發生，1957-1985 年間僅有 8 年（9 次）出現冰雹。

景德鎮於 1966 年 8 月 29 日大風冰雹，市一醫院工棚倒塌，死 1 人；1983-1985 年每年均發生一至數次大風冰雹，蔬菜等農作物損失嚴重。

南豐縣 1949-1986 年有 6 年出現大風、冰雹，1984 年 10 月 29 日 10 級大風，桑田影劇院被颳倒，壓死 6 人、重傷 3 人、輕傷 6 人，全縣颳倒房屋 24 棟。

宜黃縣 1949-1985 年有 5 年遭大風和冰雹襲擊，損毀房屋 1229 間，倒塌牛棚 251 間，壓死 1 人，傷數人，死亡耕牛 625 頭，受害農作物達 906.67 公頃，損種穀 4.01 萬公斤。

四、雷擊災害

雷電災害泛指雷擊或雷電電磁脈衝入侵和影響造成人員傷亡或財產受損、部分或全部功能喪失，釀成不良的社會和經濟後果的事件。雷擊災害的損失包括直接的人員傷亡和經濟損失，以及由此衍生的經濟損失和不良社會影響。

江西自古至今，不僅雷電較頻繁，而且危害也較為嚴重。如南北朝時期宋建孝二年（455），餘干雷震死者二十九人。

1950-1990 年間，有雷擊災害記載 37 年，共發生雷擊災害 192 縣次，平均每年 4.68 次。因雷擊死亡 313 人，平均每年 7.63 人死於雷擊。同期因雷擊受傷的 459 人，平均每年 11.2 人。

1990 年，波陽（今鄱陽）縣銀寶鄉棉花倉庫雷擊著火經濟損失 40 餘萬元。廣豐 6 月 14 日因雷擊造成 5 人死亡 20 人受傷。安遠天心鎮於 7 月 3 日雷擊死 2 人，傷 4 人。

1994 年 5 月 1 日，高安雷電擊死 5 人，臨川區 5 人。寧都 5 月 2 日雷電擊死 9 人。

1995 年，寧都縣，田頭供電所被雷擊壞變壓器。東鄉有 2 人遭雷擊死亡。

1996 年 6 月 8 日，大庾縣出現雷擊，池江鎮死亡 3 人，重傷 3 人，輕傷 10 餘人。

1998 年 2 月 16 日，撫州市江西棉麻總公司撫州儲備庫，因球雷引發特大火災，經濟損失達 1800 萬元。4 月，南昌繫馬樁 129 號 708 室馬女士家遭雷擊，冰箱、彩電、電話損壞，直接經濟損失 4000 元。

1999 年，進賢縣糧食局直屬糧庫因雷起火，經濟損失 100 萬餘元。6 月 13 日，贛州市上猶縣稍鄉黃竹村，村民樹下避雨，4 死 6 傷。

2002 年 7 月 17 日，廬山五老峰五峰遭雷擊，造成遊客 4 人死亡，10 多人受傷。8 月，進賢縣 007 號客運駕駛艙 9 人被擊暈，並在大風作用下 9 人全部落水遇難。

2003 年 8 月，廬山錦繡谷遊客遭雷擊，10 人重傷。

2004 年，江西全省共發生雷電災害事故 508 起，造成 43 人死亡，53 人受傷，直接經濟損失 1500 餘萬元。

2005 年雷電災害引發的安全事故 507 起，共造成 138 人傷亡，其中死亡 65 人，直接經濟損失 6000 餘萬元。

2006 年，全省雷擊災害 678 起，人員傷亡 140，其中死亡 79 人。其中 6 月 24 日，萍鄉市蘆溪縣銀河鎮天柱崗村一農田中央風雨亭中 2 名村民被雷擊身亡，6 名村民被雷擊中，3 名村民被雷擊輕傷。

2007 年，江西省 6 月雷擊災害居全國之首。6 月 1 日—30 日，我省因雷擊災害死亡人數多達 57 人，為我省歷年同期之最，居全國各省之首，當月超過一半發生在南昌、上饒地區。僅 6 月 24 日，全省就因雷擊死亡 21 人。

五、低溫冷害

低溫冷害是由於氣溫不能達到作物生長發育所需溫度造成的危害。江西的低溫冷害主要有春寒和秋寒（又稱寒露風）。

1957 年 9-10 月蓮花遭寒露風危害，133.3 餘公頃二晚減產。

1960 年 3 月下旬，興國縣春寒，全縣爛種近百萬斤。

1965 年 3-4 月低溫春寒，進賢、東鄉早稻爛秧分別達 250 萬公斤以上和 65 萬公斤左右。上高縣於當年 3 月下旬至 4 月中旬連陰雨低溫，爛種穀 20 萬公斤。

新幹縣於 1966 年 3 月下旬至 4 月上旬春寒，早稻爛種穀占播種量的 16.7％。

1970 年，石城、會昌、虔南、上猶、定南、大庾等地春寒，爛種 775 萬公斤。寧都縣遭寒露風，晚稻減產糧食 225 萬斤。波陽（今鄱陽）1970 年春寒達半月以上，春播作物爛種 300 多萬公斤。

波陽（今鄱陽）縣於 1971 年 9 月 19 日出現寒露風，造成遲熟晚稻抽穗遲緩或不孕，失收稻穀 1900 萬公斤。

1972 年 4 月樟樹市長期陰雨低溫，早稻爛秧 225.8 萬公斤，凍死已栽禾苗 478・73 公頃，占已栽面積的 24％。

修水縣 1974 年 3 月長期低溫陰雨，全縣爛種 500 萬公斤。

1976 年全區春寒為害嚴重，信豐縣損失良種 250 多萬公斤，會昌縣爛種 325 萬公斤，尋烏縣爛種 270 萬公斤，上猶縣爛種 300 餘萬斤。安福縣於 1976 年 3 月春寒，全縣早稻爛種爛秧近百萬斤，使早稻插秧推遲；1987 年 3 月下旬又因春寒爛種爛秧嚴重。

瑞昌市於 1987 年出現春分寒接清明寒，1866.67 公頃越冬作物受害，減產油料萬公斤。

瑞昌市於 1989 年 9-11 月秋雨低溫，累計陰雨 46 天，使 3000 公頃棉花減產 55.5 萬公斤。

1996 年 3 月中旬至 4 月中旬，北方冷空氣頻繁南下，全省出現罕見的春寒，嚴重影響春播進度，全省爛種爛秧超過 383.95 萬公斤，其中以撫州、贛州兩地區最為嚴重。

1998 年 3 月出現嚴重春寒，最低氣溫全省 5℃以下，致使早播的稻種、棉種出現不同程度的爛種、爛芽、死苗現象。

2008 年 1 月 12 日至 2 月 2 日，江西出現了一次持續的低溫、雨雪、冰凍天氣氣候事件，對全省電力、通信、交通、農業、林業及人民群眾生活等造成了嚴重影響和重大損失。全省平均降雨（雪）量為 127 毫米，較歷年同期偏多 1.25 倍。全省平均氣溫為 1.7℃，偏低 4.0℃，為歷史同期新低。其間全省平均最高氣溫為 3.3℃，偏低 6.5℃，也創歷史同期新低。此次過程持續時間之長、影響範圍之廣，均排歷史第一位。

第二節 ▶ 地震災害

江西是少地震、輕震省區，據史料載從東漢永初六年（112）至 1995 年有具體震央位置的 M 大於或等於四又四分之三級的破壞性地震 31 次；省境內最大的一次地震為 1806 年 1 月 11 日發生在會昌南部的 6 級地震；全省破壞性地震多發在贛南區，尋烏、定南各發生 3 次四又四分之三級以上地震，修水、靖安縣也各發生 2 次 5 級及五又二分之一級地震，南昌（古稱豫章）也有 2 次 5 級地震記錄（112 年、304 年）。

1982 年 2 月 25 日龍南發生 5.0 級地震，毀壞民房 34 間，破壞 317 間，損壞 1660 間，經濟損失達 1288 萬元。

地　震[2]

1 : 2 000 000

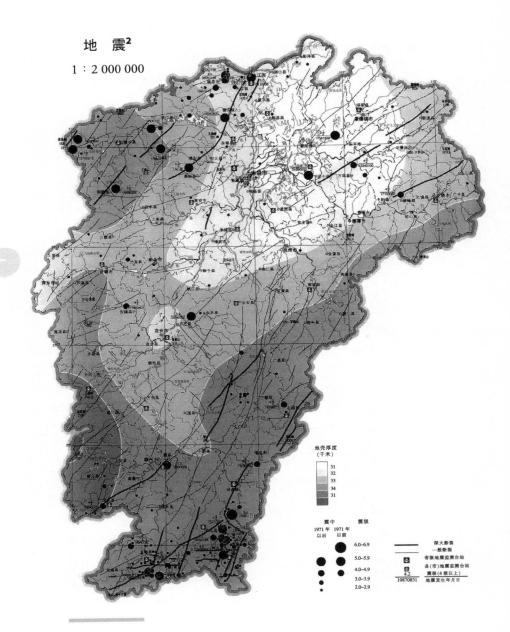

地壳厚度
（千米）

31
32
33
34
31

震中　　震級
1971年　1971年
以后　　以前

6.0—6.9
5.0—5.9
4.0—4.9
3.0—3.9
2.0—2.9

探大断裂
一般断裂
省级地震监测台站
县（市）地震监测台站
4.2　震级（4级以上）
19870831　地震发生年月日

2　引自《江西省地圖集》，第 44 頁。

1987 年 8 月 2 日尋烏發生 5.2 級地震，造成 3 人死亡，重傷 1 人，輕傷 83 人，毀壞民房 518 間，破壞 2938 間、損壞 35750 間，經濟損失 4536 萬元（當年價）。這些地震波及毗鄰的會昌、安遠、瑞金，使災情更嚴重，受重災人口 37.1 餘萬人，震毀房屋 1.25 萬間，傷 208 人，因災直接經濟損失 9802 萬元。

1995 年 1 月 24 日，在尋烏縣境內發生 4.5 級地震，震央裂度為 6 度弱，地震波及該縣 19 個鄉鎮及鄰縣安遠和會昌。據有關部門統計，這次地震全縣共倒塌房屋 306 間，計 3130 平方米；嚴重破 7606 間，約 8.47 萬平方米；損壞 10 座水電站，10 座橋樑，15 座小型水庫，700 處水渠，25 千米高壓線路，直接經濟損失 3000 萬元，所幸的是無人員傷亡。

1995 年 4 月 15 日，在九江、瑞昌市、德安縣三縣（市）交界處發生 4．9 級地震。這次地震是解放以來該地區發生最大的一次地震，震央烈度為 6 度。據統計，三縣（市）共倒塌房屋 4000，嚴重破壞約 33 萬平方米，另外部分山體出現裂縫，最長達到 200 米，縫寬 20 公分這次地震造成直接損失 5000 萬元。

2005 年 26 日 8 時 49 分，江西省九江、瑞昌間（北緯 29.7 度，東經 115.7 度）發生 5.7 級地震，09 時 25 分和 12 時 55 分又發生 4.6 級和 5.4 級地震。地震央心位於九江縣、瑞昌市交界處的九江縣新塘鄉四華村。地震波及江西省九江、宜春、景德鎮、上饒、贛州、新余和撫州等市範圍內的 50 多個縣。據統計，全省受災人口 564 萬，因災死亡 12 人，緊急避險 280 萬

人，轉移災民 60 萬人，因災傷病 8000 多人；部分縣市通信、水電中斷。

第三節 ▶ 地質災害

　　江西是一個多山地、丘陵的省份，1951-2000 年，全省出現暴雨日數大 18386 站次，大暴雨 2506 站次、特大暴雨日數 104 站次。這些情況易造成地質災害發生。多發生在中、低山區，主要分佈於武夷山中段、北段，羅霄山、九嶺山、懷玉山及廬山等中低山區。

　　1982 年井岡山周邊的寧岡、蓮花、永新等縣，因暴雨引起崩塌、滑坡 3 萬餘處，毀農田 2000 餘公頃，損失油茶林 330 多公頃。在分（宜）文（竹）鐵路線發生 63 處崩塌、滑坡，有 23 處埋損鐵路、毀房 4 幢、死亡 2 人。

　　1988 年 6 月 21 日，上饒縣朝陽鄉發生一起大滑坡，使一個 145 戶的下源村被徹底摧毀，重傷 49 人，死亡 31 人。江西也是中國南方水土流失最嚴重省份之一。據江西省水土保持委員會辦公室調查，1988 年全省水土流失面積 461.53 萬公頃，占全省土地總面積的 27.62％。其中輕度流失 247.25 萬公頃，占全省總面積的 14.8％；中度的 128.80 萬公頃，占 7.72％；強度的 63.59 萬公頃，占 3.81％；極強度的 15.66 萬公頃，占 0.94％；劇烈的 6.23 萬公頃，占 0.37％。該年流失表土達 15407.7 噸。這些水土流失直接危害生產、惡化環境、加重水旱災害。

　　1990 年，彭澤縣郭橋至張家灣段 4000 米路段 6 月 30 日暴

雨，毀壞公路，中斷交通 1 個月，直接經濟損失 100 萬元。

　　1996 年，興國縣楓邊鄉 8 月出現暴雨，毀房 1 棟，直接經濟損失 2 萬元。

地質災害易發程度分區[3]

1：2 500 000

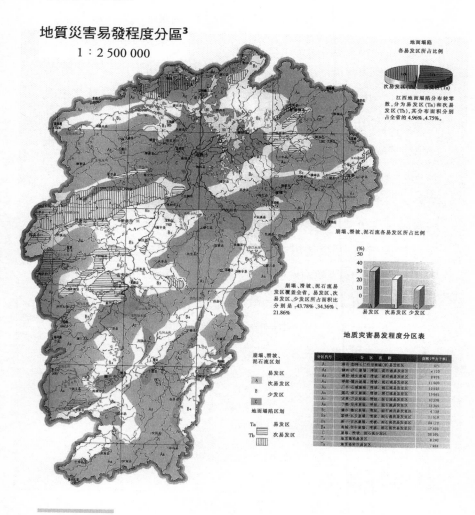

地面塌陷
各易發區所占比例

次易發區（Tb）　　易發區（Ta）

江西地面塌陷分布較零散，分為易發區（Ta）和次易發區（Tb），其分布面積分別占全省的 4.96%、4.75%。

崩塌、滑坡、泥石流各易發區所占比例

崩塌、滑坡、泥石流易發區覆蓋全省，易發區、次易發區、少發區所占面積比分別是：43.78%、34.36%、21.86%

崩塌、滑坡、泥石流區划
　A　易發區
　B　次易發區
　C　少發區

地面塌陷區划
Ta　易發區
Tb　次易發區

地质灾害易发程度分区表

分区代号	分 区 名 称	面积(平方千米)
A₁		471
A₂		4 120
A₃		8 976
A₄		11 600
A₅		13 665
A₆		10 338
A₇		13 365
B₁		4 138
B₂		11 918
B₃		38 172
B₄		17 925
C₁		38 595
Ta		8 290
Tb		7 933

3　引自《江西省地圖集》，第 45 頁。

　　1997 年，奉新縣澡溪鄉坑頭村 6 月暴雨，水土流失，毀房 1 棟，毀田 46.6 公頃，直接經濟損失達 940 萬元。

　　1998 年江西省發生了歷史上罕見的農業地質災害，共發生山體滑坡、崩塌、泥石流、地面塌陷等 110015 處，除新余市外，其他 10 個地（市），51 個縣（市）均不同程度地遭受了農業地質災害的侵襲，大多集中在上饒、撫州、鷹潭、宜春、景德鎮、贛州、九江等地（市）。在已造成較大損失的 466 處重要農業地質災害中，上饒地區占 144 處，撫州地區 127 處，宜春地區 63 處，鷹潭市 44 處，景德鎮市 34 處，贛州地區 33 處，九江市 15 處，此外，全省還有 153 處具有較大潛在危害的隱患點、危險點。共造成 176 人死亡，326 人受傷，摧毀房屋 45525 間，損壞房屋 31520 間，毀壞農田 7195.87 公頃，並造成鷹廈、浙贛、京九鐵路等重要交通幹線中斷，地質災害損失在 13.5 億元以上。其中安遠縣塘鄉村 5-6 月，暴雨，出現泥石流，發生滑坡 100 多處，毀田 80 公頃，直接經濟損失 200 萬元。

　　1999 年，全省共發生局部農業地質災害 3444 處，因災死亡 36 人，直接經濟損失 10176 萬元。其中樟樹市店下鎮，泥石流毀橋 1 座、橋涵 6 座，涵陂 17 座，毀田 28.4 公頃，直接經濟損失 148 萬元。

第四節 ▶ 病蟲災害

　　江西的溫度、降水、光等自然條件既有利於農作物生長，也適合各種病蟲害發生。

據調查，全省病蟲害主要有：危害水稻的病蟲常見 70 餘種，主要有 20 餘種；為害旱糧的病蟲有甘卷葉蛾、豆稈潛蠅、豆夜蛾、玉米螟、對麥蚜等主要的 20 餘種；危害棉衣害蟲有170 多種，最常見的有 10 餘種；全省 15 種果樹發生蟲害達 581種；對其他作物造成危害面積較大的害蟲，主要的也有 20 餘種。水稻病常見的 30 多種，較重要的有 10 餘種，其中紋枯病、稻瘟病和白葉枯病被稱為江西水稻 3 大病害；旱糧病害也達 76種；油料作物病害全省有報導的 38 種；棉花病害 31 種，主要有立枯病、枯萎病、紅腐病、黑果病等；江西 12 種主要果樹有病害 179 種，其中柑橘 51 種、梨樹 21 種；蔬菜有 170 餘種，其中主要有 20 餘種；茶樹病害已知 41 種、較常見的 20 餘種；其他作物為甘蔗、菸草、白蓮等，病害主要的有 20 種。

江西對病蟲災害的預防主要採取人工捕殺，耕作防治，農藥防治、綜合治理。

都昌縣 1958-1989 年發生較大病蟲災害 17 次，小災幾乎年年不斷。1958 年稻瘟病蔓延，釀成重災，全縣 30 個鄉（鎮）的11.05 萬農戶均不同程度受災，受災面積 1.697 萬公頃，占早稻面積的 77%；其中輕微減收的 0.42 萬公頃，減收 3-5 成的 0.54萬公頃，減收 5-8 成的 0.48 萬公頃，減收 8 成至毫無收成的0.26 萬公頃。

波陽（今鄱陽）縣於 1952 年濱湖地區早稻稻苞蟲為害，丘陵山區晚稻鐵甲蟲、負泥蟲為害；1971 年，蓮湖公社等棉區斜紋蛾暴發，棉花被吃成光桿，減產 7-8 成；1985 年 5-6 月，早稻發生嚴重稻瘟病，損失稻穀 5000 萬公斤。

餘干縣於 1951 年 1.6 萬公頃晚稻受三化螟蟲害；1952 年又 0.56 萬公頃農田受蟲災；1964 年三化螟危害晚稻；1978 年 0.4 萬公頃棉花遭紅鈴蟲危害，普遍減產 20％；1985 年洪家咀、華林崗等鄉有 0.733 萬公頃早稻發生稻瘟病，共約減產糧食 425 萬公斤；1983 年發生歷史罕見鼠害，田鼠遍及全縣，據調查每畝平均有田鼠 3.97 隻，水稻被害株率達 2.2％。星子縣於 1973 年夏秋發生蟲害，松針、番薯、辣椒葉幾乎被吃盡。

彭澤縣於 1952 年棉紅蜘蛛暴發，七區棉花減產 40％，損失籽棉約計 65 萬公斤；1956 年，紅鈴蟲為害，棉花僵瓣率鋼彈 40％～50％；1965 年棉鈴被害率平均 97.8％，僵瓣率 46.6％。

進賢縣 1970 年黏蟲為害嚴重，有 1.2 萬公頃麥田受害，畝蟲量鋼彈 10 萬條，不少小麥葉片被吃光，麥穗被咬斷。

新建縣松湖區 1961 年有 66.67 公頃一季晚稻因黏蟲為害，稻葉全被吃光。

上高縣 1949-1982 年出現 8 次大面積病蟲災，其中 1953 年入夏後全縣各地有螟蟲、稻苞蟲、稻卷葉等蟲害，受害嚴重的達 116.33 萬公頃，損失稻穀 6.2 萬公斤；1959 年入秋三化螟大暴發，全縣 2860 公頃晚稻受害；1968、1978 年更為嚴重，蟲害面積分別達 10186.67 公頃和 10666.67 公頃。

永豐縣 1959-1964 年發生 5 次蟲災，其中 1959 年受災面積最大，達 6040 公頃；1968 年及 1980 年縣境發生松毛蟲，兩次均用飛機噴藥滅蟲。

吉安縣 1949-1985 年先後發生 6 次病蟲災害，1985 年稻瘟病和卷葉蟲危害最嚴重，全縣 56 農戶受災，總計減產 2500 萬公

斤。

　　泰和縣 1949-1990 年，先後 13 年發生農田病蟲害，累計受害面積達 11.80 萬公頃，其中受災面積 1.33 萬公頃（20 萬畝）的有 1971-1974 年及 1980 年；主要水稻害蟲有稻苞蟲、螟蟲、稻飛蝨、稻卷葉蟲、黏蟲（行軍蟲）；主要水稻病害有稻瘟病，白葉枯病及紋枯病。森林病蟲害在泰和縣經常發生，尤其是竹蝗是該縣重要竹林害蟲，在 1959、1970、1973、1974 年大面積發生蟲害，造成大片竹林枯死；1959 年及 1984 年縣境松毛蟲大暴發，共危害松林 1.21 萬公頃，1984 年人工捕捉松毛蟲 3.4 萬公斤。

　　新幹縣是柑橘種植老區，病蟲種類繁多，計有 40 多種。由於年代更替、防治技術的發展，過去和現在的主要病蟲不盡相同。從民國時期至現今橘樹主要病害有 10 餘種，潰腐病、瘡痂病、炭疽病、樹脂病是縣境主要柑橘病害，主要害蟲有：矢尖蚧、紅蠟蟻、潛葉蛾、天牛、吉丁蟲、避債蛾、捲葉蛾、惡性葉蟲、黑刺粉蝨、紅蜘蛛、鏽壁蝨等。

　　景德鎮在 1981 年 5 月有 0.6 萬公頃農田暴發葉稻瘟和穗頸稻瘟病。1985 年 2 月 5 日，早稻有 2.7 萬公頃暴發稻瘟病。1993 年 6-7 月早稻大部分發生稻瘟病，糧食減產 5 成以上。

　　鉛山縣建國後有 8 年發生病蟲災害，但 7 次均是與水災或旱災、或水旱災害並發，造成損失難以單獨統計；1984 年蟲災，成災面積 1240 公頃，因災減產糧食 536.2 萬公斤。

　　德興縣於 1950、1952、1955、1963、1964、1974 年發生蟲災，受災面積 1.55 萬公頃；1928 年發生以螟為主的蟲災，

6666.6 公頃稻田受害。

弋陽縣在清以前各朝代只見蝗蟲危害記載。民國時期螟蟲危害猖獗：1928 年螟害為災，6000 公頃早稻受災，早稻只收 2 成，晚稻只收 1 成；1929 年 1.133 萬公頃晚稻遭螟害；1937 年鐵甲蟲為害，3333.33 公頃農田受災。1949-1984 年有 7 年蟲災，1955、1961、1963 年 3 年受災面積達 0.95 萬公頃，其中 1963 年為害面積達 0.64 萬公頃，為害蟲類有鐵甲蟲、螟蟲和黏蟲等。

樂安縣於 1960 年發生松毛蟲、星天牛等蟲害，860 公頃松林遭災。浮梁縣於 1928、1929 年先後遭螟災，受災面積分別達 1266.67 公頃和 3666.67 公頃。大茅山墾殖場於 1977 年螟蟲和稻縱卷葉蟲為害，40 公頃稻田受災，減產糧食 9 萬公斤；1979 年稻瘟病和紋枯病並發，導致早稻減產 10 萬公斤。

南豐縣於 1929、1932 年螟蟲危害嚴重，傷稼無數；1937 年天牛和介殼蟲傷害柑樹，損失甚重；1949-1987 年共 11 年發生病蟲災害，主要害蟲為二、三化螟，浮塵子、黑尾葉蟬、稻飛蝨、縱卷葉蟲；1981 年浮塵子、稻飛蝨嚴重和中度發生，發生面積 1.47 萬公頃，其中稻飛蝨造成枯槁 1333.33 公頃，竹蝗再度危害竹林；1987 年稻飛蝨再度大發生，面積達 1333.33 公頃，其中嚴重危害面積 370.67 公頃，枯槁 66.67 公頃。

宜春市據《宜春市志》載，1949-1985 年共有 13 年發生較大面積病蟲害，受災面積累計達 17.97 萬公頃，有災情損失估算的 1958、1974、1983、1985 年共因災損失糧食 2026 萬公斤，其中 1974 年災情最嚴重，早稻、晚稻受害面積達 5.87 萬公頃，減產糧食 500 萬公斤，以上為害病蟲主要是螟蟲、稻飛蝨、稻縱卷

葉蟲、負泥裡、稻瘟病、紋枯病、赤枯病等。

　　安福縣在 1928 年螟蟲危害早稻 2.63 萬公頃，晚稻 2426.67 公頃，損失稻穀 80 萬公斤；1929 年螟蟲危害早稻 1.07 萬公頃，晚稻 1066.67 公頃，損失稻穀 263.5 萬公斤；建國後較嚴重的蟲災是 1974 年，晚稻二化螟危害成災，全縣白穗率 16.68％，局部達 76％，糧食減產 251 萬公斤；其次是 1985 年早稻瘟病危害面積 6920 公頃。

　　武寧縣於 1950 年旱災蟲害嚴重，出現稻苞蟲和蛀心蟲為主的蟲災，受災面積 2100 公頃。

　　蓮花縣建國後 14 年發生病蟲災害，有數據記載的災害面積累計 9.684 萬公頃，損失糧食 2227.88 萬公斤，主要病蟲有稻螟蟲、稻縱卷葉蟲、稻飛蝨、紋枯病、稻瘟病、白葉枯病等。

　　靖安縣於 1950、1954 年發生蟲災，另有 7 年發生水稻病害，主要是稻瘟病、白葉枯病和紋枯病等，這些病蟲害的發生均造成水稻減產。

　　萬載縣病蟲為害率較高，為害病蟲種類較多，1949-1982 年間有 16 年發生病蟲災害，其中 6 年發生林木病蟲害，主要病蟲有為害水稻等作物的螟蟲、稻苞蟲、負泥蟲、稻飛蝨、稻潛葉蠅蟲、葉蟬、稻薊馬蟲、稻瘟病、白葉枯病、赤枯病、胡麻葉斑病、稻曲病、小麥病、稻曲病、小麥病毒病；為害林木的病蟲主要有松毛蟲、茶毛蟲、竹蝗、毛竹枯梢病；病蟲為害年受害面積少則百公頃、數百公頃，多則數千公頃以上。

　　瑞昌市病蟲害率也較高，1949-1985 年有 21 年發生農作物病蟲災害，累計危害面積 5.56 萬公頃，因災減產糧食 2725 萬公

斤，減產棉花 102.5 萬公斤；為害病蟲主要有稻螟蟲、稻苞蟲、稻飛蝨、白葉枯病、稻瘟病、小麥黑穗病、棉鈴蟲、棉紅蜘株、棉花葉跳蟲。

興國縣於 1970 年春長時間低溫陰雨，油菜出現大面積小球菌核病和霜毒病。

上猶縣於 1956 年有 600 公頃稻田遭蟲災。

龍南縣建國後農田害蟲主要是：稻縱卷葉蟲、二化螟、三化螟、稻飛蝨和稻葉蟬等。水稻病害主要有：稻瘟病、紋枯病和白葉枯病。

大庾縣發生蝗災的頻率較高。例如因發生蝗蟲災害，1991年 6 月受災面積 342.4 公頃，1992 年受災面積 49.5 公頃，1994年受災面積 1.3 萬公頃，1997 年受災面積 6 公頃，1998 年受災面積 4.2 公頃。

會昌縣於 1952、1954、1963、1978 年和 1981 年出現大面積病蟲害，受災面積 1.65 萬公頃；1978 年螟蟲大暴發，最高白穗率達 78.6%。

于都縣，1986 年因病蟲害使得農作物受災 0.79 萬公頃，成災 5472.9 公頃。1987 年，全縣 28 個鄉鎮早稻受病蟲害，農作物受災面積 1.8 萬公頃，成災面積 1.2 萬公頃。1988 年，農作物受災面積 0.79 萬公頃。

崇義縣於 1950、1951、1952 年出現農田蟲害；1950 年受災面積達 2206.67 公頃，重災 526.67 公頃，平均減產 62.25%；1958、1967、1973、1980 年遭松毛蟲危害，受災面積達 0.93 萬公頃。

農作物受災面積[4]

單位：公頃

年份	合計	旱災	水災	病蟲害	其他
1980	666 000	183 333	418 000		58 667
1983	1 353 333	371 333	737 333		244 667
1984	456 000	240 000	201 333		14 667
1985	950 000	689 333	141 333		119 333
1986	1 216 000	1 021 333	86 667		108 000
1987	787 333	336 000	168 667		282 667
1988	2 120 200	1 266 476	496 933	231 600	125 200
1989	1 732 867	400 400	847 200	391 867	93 400
1990	1 674 733	780 600	466 467	299 467	128 200
1991	2 112 867	1 442 267	251 600	246 333	172 667
1992	2 285 200	652 867	1 006 667	210 933	414 733
1993	1 949 773	150 839	1 224 902	392 972	181 060
1994	1 684 770	131 841	1 108 794	233 747	210 388
1995	2 056 872	287 173	1 464 153	70 658	234 888
1996	1 608 800	200 550	703 680	168 250	536 320
1997	1 432 394	55 744	879 225	227 167	270 258
1998	2 159 844	159 254	1 654 033	84 180	262 377
1999	1 525 170	19 290	1 199 315	150 709	155 856

---

4 江西省統計局、國家統計局江西調查總隊：《2000 年江西統計年鑑》，中國統計出版社，2001 年版，第 244 頁。

農作物成災面積

單位：公頃

年份	合計	旱災	水災	病蟲害	其他
1980	254 000		224 000		30 000
1983	818 000	198 000	442 667		177 333
1984	168 667	72 000	91 333		5 333
1985	604 000	470 000	90 667		43 333
1986	804 000	739 333	52 000		12 667
1987	400 000	176 000	83 333		140 667
1988	1 452 333	904 667	352 333	126 867	68 467
1989	1 172 400	290 067	617 933	209 200	55 200
1990	982 533	489 533	275 200	154 067	63 733
1991	1 333 267	961 800	147 200	114 133	43 467
1992	1 529 467	426 200	721 000	130 400	251 867
1993	1 398 267	94 620	916 570	269 313	117 764
1994	1 191 355	69 081	836 047	139 399	146 828
1995	1 382 891	140 895	1 062 106	41 080	138 810
1996	1 049 500	124 060	470 630	92 865	361 945
1997	946 830	34 734	602 283	126 085	183 728
1998	1 585 100	116 197	1 240 961	58 504	169 438
1999	1 087 017	11 834	882 564	100 220	92 399

江西文庫 A0701B20

贛文化通典（地理及行政區劃沿革卷） 第一冊

主　　編	鄭克強
版權策畫	李　鋒
責任編輯	林以邠

發 行 人	陳滿銘
總 經 理	梁錦興
總 編 輯	陳滿銘
副總編輯	張晏瑞
編 輯 所	萬卷樓圖書股份有限公司
排　　版	菩薩蠻數位文化有限公司
印　　刷	維中科技有限公司
封面設計	菩薩蠻數位文化有限公司

出　　版　昌明文化有限公司

桃園市龜山區中原街 32 號

電話　(02)23216565

發　　行　萬卷樓圖書股份有限公司

臺北市羅斯福路二段 41 號 6 樓之 3

電話　(02)23216565

傳真　(02)23218698

電郵　SERVICE@WANJUAN.COM.TW

大陸經銷　廈門外圖臺灣書店有限公司

電郵　JKB188@188.COM

ISBN 978-986-496-229-7

2018 年 1 月初版

定價：新臺幣 340 元

如何購買本書：

1. 轉帳購書，請透過以下帳戶

　合作金庫銀行　古亭分行

　戶名：萬卷樓圖書股份有限公司

　帳號：0877717092596

2. 網路購書，請透過萬卷樓網站

　網址　WWW.WANJUAN.COM.TW

大量購書，請直接聯繫我們，將有專人為您

服務。客服：(02)23216565 分機 610

如有缺頁、破損或裝訂錯誤，請寄回更換

國家圖書館出版品預行編目資料

贛文化通典. 地理及行政區劃沿革卷 / 鄭克

強主編. -- 初版. -- 桃園市：昌明文化出版；

臺北市：萬卷樓發行, 2018.01

　冊；　公分

ISBN 978-986-496-229-7(第一冊：平裝). --

1.地方政治 2.江西省

672.408　　　　　　　　　　107002011

本著作物經廈門墨客知識產權代理有限公司代理，由江西人民出版社授權萬卷樓圖書

股份有限公司出版、發行中文繁體字版版權。

本書為金門大學華語文學系產學合作成果。　　　校對：劉懿心